U0927338

基金项目：四川省哲学社会科学重点研究基地四川省犯罪防控研究中心 2019 年项目：诉讼理念与制度研究——以民事诉讼为视角（项目编号：FZFK19-01）、四川省高校人文社会科学重点研究基地基层司法能力研究中心 2018 年“民事诉讼理念与制度研究”（项目编号：JCSF2018-03）的成果。

民事诉讼理念与制度研究

MINSHI SUSONG LINIAN YU ZHIDU YANJIU

张邦铺◎著

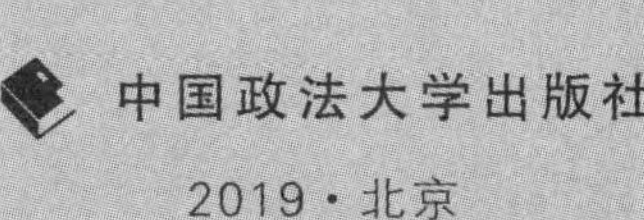

2019 · 北京

图书在版编目（CIP）数据

民事诉讼理念与制度研究/张邦铺著. —北京:中国政法大学出版社,2019.10
ISBN 978-7-5620-9250-6

Ⅰ.①民… Ⅱ.①张… Ⅲ.①民事诉讼法－研究－中国 Ⅳ.①D925.104

中国版本图书馆 CIP 数据核字(2019)第 238913 号

出版者　中国政法大学出版社

地　址　北京市海淀区西土城路 25 号

邮寄地址　北京 100088 信箱 8034 分箱　邮编 100088

网　址　http://www.cuplpress.com（网络实名：中国政法大学出版社）

电　话　010-58908586(编辑部)　58908334(邮购部)

编辑邮箱　zhengfadch@126.com

承　印　固安华明印业有限公司

开　本　880mm×1230mm　1/32

印　张　7.75

字　数　210 千字

版　次　2019 年 10 月第 1 版

印　次　2019 年 10 月第 1 次印刷

定　价　39.00 元

目　录
CONTENTS

/ 第一章 / CHAPTER1

民事诉讼程序正义价值理念及其实现

民事诉讼理念是民事诉讼机制与实践所蕴含的内在精神、最高原理、基本规则。这种理念体现了法律的制定者和法律的守护者对民事诉讼机制的本质、根本原则及其运作规律的理性认知和整体结构的把握。其通过民事诉讼价值、民事诉讼模式和民事诉讼制度而外化。这就决定了民事诉讼价值和民事诉讼模式的选择以及具体民事诉讼制度的构建。[1]程序正义是民事诉讼理念应具有的层次。

1951 年，美国大法官道格拉斯（Douglas）曾讲过一句为后人所广为引用的名言："权利法案中的大多数条款都是关于程序的规定，这并不是没有任何意义的。正是程序决定了法治与恣意的人治之间的区别。"在司法现代化建设的过程中，程序（尤其是程序的价值）问题日益成为人们所关注的焦点。正义是民事诉讼首要的和最高的价值目标。民事诉讼程序制度真正永恒的生命基础就在于它的正义性。可以说，"正义"二字是整个民事审判活动的出发点和归宿，是当事人和法院共同追求的目标，它直接关系到审判的社会效果和法院的威信。

---

〔1〕 王振亮："试论民事诉讼理念的内涵及民事诉讼机制的选择"，载《学理论》2011 年第 4 期。

一、程序正义的内涵

正义，也称公正，是一种非常古老的观念。从哲学的理论高度上看，思想家和法学家在很早的时候便已提出了各种各样的不尽相同的正义观。可以说，正义有一张“普洛透斯式的脸，变幻无常，随时可呈现不同形状并具有极不相同的面貌”。E. 博登海默（E. Bodenheimer）认为：“如果用最为广泛和最为一般的术语来谈论正义，人们可能就会说，正义所关注的是如何使一个群体的秩序或社会的制度适合于实现其基本目的的任务……满足个人的合理所必需的——就是正义的目标。”〔1〕

在法律制度中，正义可表现为三种形式：一是实体正义，是指实体法律对人们权益的规定与其所应得的权益相一致，以及法院所作的裁判能使每个人所应得的权益得到完全保障。二是形式正义，是指实体法所确立的规则得以公平适用。其基本要求是“对相同的情况予以相同的对待”。三是程序正义，是指在法律的具体运作过程中充分保障每个人的权益。程序正义重视的是过程价值，其目标是所有受程序结果影响的人受到其应得的待遇，对程序结果并不关心。实体正义重视的则是结果价值，其目标是使法律程序产生好的结果。形式正义则是联系实体正义与程序正义的纽带。它一方面要求法律和法院对一切案件和人在适用实体法时应当遵循统一的标准，是使实体正义得到普遍实现的保障；另一方面又对法官将法律公正地适用到具体案件上具有重要的指导作用。程序具有两个层面的价值：外在性价值和内在性价值。程序正义是程序的内在性价值。

根据美国哲学家约翰·罗尔斯（John Bordley Rawls）的观

---

〔1〕［美］E. 博登海默：《法理学——法律哲学与法律方法》，邓正来译，中国政法大学出版社 1999 年版，第 252 页。

点，程序正义可被分为三种：第一种为纯粹的程序正义，即关于什么才是合乎正义的结果并不存在任何标准，存在的只是一定程序规则的情况。如不需要任何技术的赌博，只要严格遵守其程序规则，得到什么样的结果都会被视为是合乎正义的。第二种为完善的程序正义，即在程序之外存在着判断结果是否合乎正义的某种标准，同时也存在着实现符合这个标准的结果的程序。例如，把蛋糕完全均等地分给数人的情形，达到均分的结果才合乎正义，且存在实现均分的程序，即动手切蛋糕的人最后领取自己的那一份。切蛋糕的人为了使剩给自己的蛋糕尽可能多一些会尽最大努力来均分蛋糕，其结果则是均分结果的实现。可见，这样的程序合乎正义。第三种为不完善的程序正义，即虽然在程序之外存在着衡量什么是正义的客观标准，但是百分之百地使满足这个标准的结果得以实现的程序却不存在。

二、程序正义的标准

美国学者罗伯特·萨默斯（Robert S. Summers）认为一般的法律程序应当体现如下几种价值：①程序的参与和控制；②程序合法性；③过程安定性；④人道主义及个人尊严的尊重；⑤个人隐私的保护；⑥尊重当事人双方的合意；⑦程序的公平性；⑧程序的法定性；⑨程序的合理性；⑩及时性。美国学者汤姆·泰勒（Tom Taler）认为，评价某一法律程序是否公平的价值标准有：①程序和决定的参与性；②结果与过程的一致性；③执法者的中立性；④决定和努力的质量；⑤纠错性；⑥理论性。

程序正义作为一种对程序本身的道德性要求，反映了为实现程序价值的最大化的民事诉讼程序所应具备的最起码、最基本的潜力或能力，即公正、正当。从这个意义上说，程序正义的内容体现的是一种价值评价标准，大体包括以下几个方面：①裁判者应当是中立的；②程序能确保利害关系人参加；③当事人平等地对话；④保障当事人充分地陈述主张；⑤平等地对待当事人；⑥程序能为当事人所理解；⑦充分尊重当事人的处分权；⑧维护当事人的人格尊严；⑨当事人不该受到突袭裁判。

根据一般的观点，程序正义的基本要求是：所有的当事人都能得到等同的陈述自己意见的权利与机会；法官处于超然中立的立场，做到不偏不倚；裁判规则科学；审判活动公开透明；为当事人提供救济方法与程序；法官对相同情况给予相同处理；程序具有可反复适用性。审判程序正义的最终目标是确保审判结果公正，但并不因此否认审判形式正义和审判程序正义的独立价值。

目前，人们对程序正义的标准尚缺乏统一的认识。笔者认为，在我国现阶段，结合我国的法律文化传统和法律现实，最低限度的程序正义标准应包括以下内容：

（一）法官中立与裁判独立原则

程序正义首先要求法官处于中立地位。“所谓中立，是指法官在诉讼中具有超然的意识，对诉辩双方保持不偏不倚的中立态度，不因个人的好恶成见或喜怒而在诉讼意识、诉讼态度、诉讼行为以及裁判中丧失中立性。”中立性原则是现代程序的基本原则。法官的中立是相对于当事人和案件而言的，它表明，在诉讼构造中，法官与双方当事人保持同等的司法距离，对案件保持超然和客观的态度。中立是对法官最基本的要求，不中立便是偏私，便是法官与当事人的角色混淆，其结果的不公正乃是必然的。人们常把法官形象地描绘为足球场上的裁判员，认为其本身并不踢球，而是让参赛双方按照既定的游戏规则竞赛，并最终宣布居于优势地位的一方获胜，这是对法官中立的生动写照。裁判独立是指裁判者的裁判行为不受裁判者以外的人或者组织的干扰或控制。若裁判者的裁判行为受到外来因素的干扰或干涉，其程序就无正义可言了。

（二）当事人平等原则

当事人平等是一项基本诉讼原则，一般包含两层含义：当事人享有平等的诉讼权利；法院平等地保护当事人诉讼权利的行使。只有当事人在诉讼程序中应处于平等的地位，才能得到他们应得的权益。诉讼权利平等是公正审判的先决条件。法官在诉讼过程中应给予各方当事人以平等参与的机会，对各方的主张和证据给予同等的尊重和关注。

（三）程序公开原则

程序公开原则，又称审判公开，是指诉讼的每一阶段和步骤都应当以当事人和社会公众看得见的方式进行。英国有句古老的法律格言："正义不但要实现，而且要以人们看得见的方式实现。"秘密裁判、暗箱操作是不可能实现程序正义的。程序公开是司法民主程度的标尺。只有程序公开，才能防止司法专制。

（四）程序参与原则

程序参与原则，又被称为"获得法庭审判机会"原则。美国法学家萨默斯（Summers）称其为参与性统治，指"与程序的结果有利害关系或者可能因该结果而蒙受不利影响的人，都有权参与该程序并得到提出有利于自己的主张和证据以及反驳对方提出之主张和证据的机会"。[1]在民主社会里，大多数公民宁愿自己管理自己的事务，哪怕做得不好，也不愿让别人管理自己的事务，即使后者做得更好。有关公民在一项决定作出的过程中，通过参与可以有机会表达自己的观点，这意味着他们不仅需要自由，而且需要一种自行决定个人命运的措施。当事人

〔1〕 陈瑞华："通过法律实现程序正义——萨默斯'程序价值'理论评析"，载《北京大学法律评论》1998 年第 1 期。

必须具有影响诉讼过程和裁判结果的充分的参与机会。

(五) 程序科学与文明原则

司法活动是一项理性的活动，只有以理性为基础建立起来的司法程序才有可能实现正义。以理性为基础建立起来的司法程序就是科学的司法程序，只有科学的司法程序才能反映事物的客观规律，才能完整地实现司法程序的目的，最终实现司法正义。程序文明是与程序野蛮、专制相对而言的。在野蛮、专制的程序中，是不可能有正义可言的。

(六) 程序的及时性和终结性原则

该原则要求审判过程应当及时地产生裁判结果；程序应当通过产生一项最终的裁判而告终。一种争端解决程序总是因同一事项而被反复启动，便不足以成为一种程序。

三、民事诉讼程序正义价值的实现

(一) 树立程序正义观念

要消除程序不公现象，首先要改变观念，纠正思想上的错误认识，形成科学的程序观和程序正义观。一要改变有关实体和程序关系的错误认识。现代法治实体法和程序法既各自独立又相互依存，共同构成统一的法制体系。对二者不能有主次、轻重之分，既要承认程序法对实体法的工具价值，也要承认程序法自身的独立价值，认识到“程序法是一个完全可以也非常有可能与实体法脱节的东西”。二要改变关于民事诉讼程序和制度的一些陈旧观念，如民事审判的目的是发现客观真实；结果公正是审判公正的唯一标准。改变观念的最终目的是要在全社会形成科学的程序观和程序正义观，重视程序和程序正义的独立价值。

(二) 通过立法，完善程序正义机制

必须重视程序规律，完善程序立法，构筑公正科学的程序。

程序法及其设计的程序要能得到人们的普遍遵守，发挥其应有的功能，首先就要求立法者有程序正义观念，遵循程序规律，制定良好的程序法，以此设计出公正、科学的程序，从而为人们树立一种正义的程序观念。完善诉讼立法，规定违反诉讼程序的法律后果，树立诉讼程序法的权威。为此，我国应进一步完善和修改《民事诉讼法》，使之更能体现程序正义的要求，尽可能地维护各方当事人的利益，这样才能保证诉讼程序始终是公正的。

（三）重视程序正义的教育，振兴程序法学

要重视程序正义的教育，让人们受到程序正义价值观念的熏陶，营造程序正义的法律氛围。振兴程序法学，加大对程序法学的研究，提高学科地位，带动对程序的重视及对程序正义的关注。

（四）加强民事审判方式改革

以追求程序正义为基点的改革，通过各种程序性环节的规范化操作和明确当事人在诉讼中的权利义务，形成对法官审判活动的制约，有利于避免法官的恣意和擅断，减少外界因素对法官的影响，提高法院的总体形象和审判的公正性。目前所进行的审判方式改革正进一步向强化程序方向迈进。这一改革强调当事人在民事诉讼中的主导地位。法官居中裁判，在公开、平等的庭审程序下，由当事人自己提出主张、承担举证责任、通过辩论说明理由、自行决定是否和解，并最终承担诉讼风险。具体如下：

第一，强化民事诉讼当事人的诉权。只有民事诉讼主体享有更为广泛的诉讼权利、民事诉讼主体行使诉权的限制相对较少，才能够实现当事人权利行使的顺利性，才能够充分调动民事诉讼当事人的诉讼积极性和主观能动性，保证双方当事人的

诉讼地位平等、权利平衡。当事人（尤其是被告）在诉讼过程中应该不受歧视而得到公正对待，享有与对方当事人对等的权利，以实现当事人在诉讼过程中表意充分、得到最后公正判决的目的。

第二，适当弱化法院在民事诉讼过程中的职权，转变其在诉讼中的角色，实现诉讼当事人诉讼权利与法院审判权之间的平衡。目前，法院处于诉讼主导者的角色，不利于当事人权利的切实实现和主动性的完全调动，因此，应该逐渐使法院在诉讼中的角色向诉讼秩序维护者转变。

第三，提高审判员的素质。首先，诉讼程序是由法律规定的，而不同的人对法律条文在有些情况下可能有不同的理解，为保持审判在相同情况下的一致性，就需要审判员对法律条文有较为一致的理解，因而有必要提高审判员的法律素养并使审判员接受相同的法律培训。其次，严格依照民事诉讼法规定的程序办案。公正的诉讼法律只有得到严格的贯彻落实才能体现出公正。譬如，民事诉讼法规定当事人处于平等的诉讼地位，在实际的诉讼过程中，法院必须保障和方便当事人行使诉讼权利，并且一视同仁地对待和处理当事人的诉讼行为。

第四，转换民事诉讼模式，注重当事人在民事诉讼中的作用。受苏联体制的影响，我国一直采取职权主义诉讼模式，法院全面、主动调查收集证据，而当事人提供的证据居于次要地位。这就使得整个诉讼程序缺乏全面性，因为在程序开始前法官已经形成一个先入为主的意见，当事人很难改变它，从而有可能影响公正。

/ 第二章 / CHAPTER2

多元化纠纷调解机制

——以凉山彝族为样本

彝族拥有古老的传统民族文化，遵循着远古先人制定的规则生活，虽然受到现代文化的冲击与影响，仍旧葆有民族的固执与坚守。正因如此，其深厚的民族法律思想文化得以保留。彝族社会中行使司法权的主体呈现多元化的特征，包括“德古”“苏易”家支头人以及高等级的特权代表者，[1]有一套自己独特的纠纷解决机制。作为这个民族宝贵的法律文化思想与财富，其独特的纠纷解决机制深得彝区民众的信任，在现实的纠纷解决中发挥着极其重要的作用。彝族多元化纠纷调解机制的重构，能够更好地解决民族地区的纠纷，促进民族地区的稳定。千百年来，中华民族素有重调解的优良传统。如何将“德古”调解融入大调解工作体系，与人民调解、行政调解相衔接配合，成了亟待研究的重要课题。

凉山彝族地区千百年来一直把民间调解作为定分止争的一种主要手段，不仅有完整的习惯法规范，还有专业的民间调解人。凉山彝族自治州人民法院针对该地的实际情况，整合民间调解资源，积极探索和发展民族地区多元化调解机制。聘任

---

〔1〕 杨怀英主编:《凉山彝族奴隶社会法律制度研究》，四川民族出版社 1994 年版，第 255 页。

“德古”[1]为特邀人民陪审员，创立了独具特色的彝族多元化纠纷调解机制——“特邀人民陪审员制度[2]”，搭建起了国家法与习惯法、司法调解与民间调解对接的桥梁。法院在处理案件时会邀请“德古”来参与调解，传统习惯法和国家公权力双管齐下，实现人民法院与“德古”的良性互动。通过“法官+‘德古’”的调解模式[3]，法院民商事案件的受理数和调解率逐年递增，起到了“调处一案，教育一群，影响一片”的社会效果。特邀人民陪审员既具有“德古”的身份，又具有一定的司法资格，将其纳入司法调解中心，可以解决特邀人民陪审员参与大调解工作体系的资格问题，并便于“德古”调解、人民

---

〔1〕“德古”系彝语音译，是指彝族人民在日常活动中自然产生和形成的群体，不需要选举，也不是加封的。他们是得到家支（或地区）的广大人民群众公认的，口才好，善于演说，知识丰富，智力过人，懂彝族的习惯法，按习惯法及其案例处理问题；办事公道，能为家支（或地区）解决问题，维护家支的利益，为家支（或地区）排忧解难，而且作风民主的头面人物。他们是家支的头人，是习惯法的熟识者与传播者，也是民间的纠纷调解人。他们是彝族人心目中的“权威”，集“法官”（仲裁者）、“法学家”（熟知习惯法的历史与现状）、“律师”（诉讼代理人）的职能于一身。

〔2〕特邀人民陪审员是多元化调解机制的产物，是彝族地区为实现案结事了，节约诉讼成本和提高诉讼效率，针对当地的具体调解习惯而特别邀请的调解员。在彝族不同地区，称呼有所不同。例如，由法院聘请的称“特邀人民陪审员”“特邀陪审员”“特邀人民调解员”。特邀人民陪审员制度就是指在“德古”中，选举产生陪审员，在人民法院的管理下与现行法律的指导下，参与调解民事纠纷。

〔3〕具体含义指把彝族社会生活中充当调解人的优秀“德古”，纳入特邀人民陪审员队伍，在法院的组织、管理、培训和指导下，在国家法律的原则范围内，结合彝族习惯法和善良风俗习惯创造有利于社会稳定的工作机制，将“国家法”与彝族“习惯法”相结合，将“法官”与“德古”相结合，将“法庭”调解与“民间”调解相结合，将法庭“面对面”调解和彝族传统“背对背”调解形式相结合，将人民法院的“人民性”与民族调解的“群众性”相结合，发挥法官的法律专业特长与“德古”熟悉民族习惯法、具有一定声望和权威的特点，以维护广大农村社会稳定和谐为工作落脚点，以法为主，以民俗为辅，以民为本，快速有效化解基层矛盾纠纷，达到“案结事了”和维护社会稳定的工作目的。

调解与行政调解的衔接，可以实现资源共享。特邀人民陪审员制度传承了优秀的民族传统，对多元化调解工作进行了创新，丰富了大调解工作体系的内容、充实了调解力量、缓解了法院审判力量不足的困难，改变了“坎上法庭”和“坎下法庭”〔1〕并存的尴尬局面。

一、彝族多元化纠纷调解机制的背景

由于受人文历史、经济条件以及民族习惯等综合因素的影响，彝族人民在遇到纠纷时，大多会诉诸习惯法而非国家法。彝族习惯法在彝族地区仍然发挥着重要的维护秩序功能。运用习惯法调解纠纷，是彝族人民从古至今的纠纷解决方式。在彝族地区，彝族民间的“法律人”——“德古”——依然活跃在人们的法律生活中，他们运用习惯法和判例解决了彝族地区大量的纠纷，起到了化解社会矛盾的重要作用。〔2〕

（一）彝族地区法院履职境地尬尴

凉山彝族自治州人民法院的办案方式与彝族民间解决纠纷

---

〔1〕“坎上法庭”和“坎下法庭”，是社会上对一桩纠纷（官司）的两种法律解决方式的戏称，但它反映的却是一个严肃的社会现象。“坎”是彝语“地各”（ddip gop）的音译，“地各列托”（ddip gop liet tuo）指“坎上”，“地各列勿（ddip gop liet vur）”指“坎下”。彝族人除了对突发重大案件或特殊纠纷必须立即干预调解外，对于多数民事纠纷、刑事案件（轻案）和疑案、旧案的调解多集中在冬季或比较闲暇的时候，以便让更多的人也来旁听和了解。调解时多选择一处草地或背风向阳的地坎上或地坎下围坐，“坎上”和“坎下”便成了这种场合的代称。在彝族宗教里，大型正常的祭祀在坎上举行，普通或非正常的在坎下举行；在习惯法里有时也把公开调解称为“坎上”调解，把私下调解称为“坎下”调解。因此，“坎上”和“坎下”也常常被附会出“善”与“恶”“吉”与“凶”“正常”与“反常”“高级”与“普通”“公开”与“私下”的含义，一些人便把用国家法律在人民法院打官司称为“坎上法庭”，用习惯法在民间调解纠纷称为“坎下法庭”。

〔2〕陈金全、巴且日伙主编：《凉山彝族习惯法田野调查报告》，人民出版社2008年版，前言第1页。

的途径存在冲突，进而导致其发挥职能状况不佳。上千年的文化习俗传承，使彝族族群拥有独特的纠纷解决习惯，即找“德古”处理纷争。由于彝族地区属于教育欠发达地区、自然环境条件艰苦，民众普遍存在“厌诉”心理，既不认知也排斥诉讼，致使沿袭若干世纪的民族习惯法成了约束社会成员的行为规则。“德古”是公道正派的代表，所以，有纠纷找“德古”解决演化为习俗。据统计，彝族民间纠纷通过“德古”调解的数量远大于法院诉讼受理的案件数量，甚至于有些已经经过法院裁判的案件最终还需要由“德古”再次调解才能兑现。鉴于此，凉山彝族自治州人民法院受理的案件相当有限，其化解纠纷职能受到了冲击。2007 年，凉山彝族自治州中级人民法院对此问题进行调研，最终通过聘任“德古”为“特邀人民陪审员”的方式，实现了彝族地区民间调解纠纷与法院诉讼的有效对接。截至 2013 年 12 月，凉山彝族自治州法院共聘任了 372 名特邀人民陪审员，共计化解纠纷 9801 件。近五年来，彝族地区人民法院共受理案件 8138 件，平均每年受理 1628 件，同上一个五年相比，案件受理数翻了一番。虽然如此，人民法院受理的案件还是远远小于彝族地区的实际纠纷数量，每位“德古”每年化解纠纷约 20 件，仅昭觉县就有 800 名~900 名“德古”存在，而法院聘请的较高威望的“德古”为特邀人民陪审员的仅 47 名，大量民间纠纷仍然被消化在民间，人民法院化解纠纷职能仍然受到“德古”纠纷解决方式的冲击。

（二）彝族调解习惯的传统优势

彝族“德古”的称号是自发形成，而不是世袭的。若他们办事不公，有意偏袒一方，便会失去人心，人们就不会再请他们调解。因此，公正是“德古”的生命力。在彝族地区，“德古”及时、有效地处理了大量的民间纠纷，化干戈为玉帛，维护了当地的社会稳定。当发生民间矛盾纠纷时，当事人大多会选择民间“德古”和他们熟悉的传统习惯法进行调解。只有在民间“德古”调解无果后，他们才会将纠纷诉至法院。

当事人考虑到经济成本和可能获得有利结果的规则，在面对习惯法与国家法时往往更加倾向于选择前者。例如，按照彝族习惯法，即使案件已过去几十年，超过了诉讼时效，仍可以重新审理或调解。在人们的观念中，法律是一回事，习惯法又是另一回事，经常出现已由法院解决好了的案件，事后仍按习惯法再调解一次的现象。“德古”在调解案件时所引用的彝族至理谚语会引起当事人的认同和共鸣，调解的结果自然也让双方信服。成功调解案件后，双方当事人往往会在一起喝和解酒、吃和解肉，以此证明此事已过去，不会再放在心头。“德古”解决纠纷主要是依照彝族习惯法，符合彝族公正、公平的理念，经过“德古”调解的纠纷极少有翻案的。“德古”之所以被彝族人民尊敬并且信奉，绝不是一种偶然，而是因为习惯法和“德古”调解模式在当地深入人心，根植于彝族地区的社会生活中。

（三）民间调解成为解决纠纷最为主要的纠纷解决方式，民间“德古”调解公信力强

彝族地区的诉讼机制没有得到充分的适用，法院权威较弱，致使以“德古”和家支头人为调解者解决纠纷的彝族多元化纠纷解决机制在彝族地区已经成为最为主要的纠纷解决方式。一旦有纠纷发生，通过“德古”和家支头人进行调解是彝族地区人民的首选，有些纠纷如果只是通过法院裁判是不够的，还需要由“德古”进行调解，才能够为当事人双方所接受。

“德古”在处理纠纷时没有国家机器的强权作为保证，仅依赖舆论力量和当事人双方的信用。新中国成立前，民间纠纷一

直由“德古”处理，营造了一个没有官方司法机构的氛围。新中国成立后，国家在民族地区设立了现代司法机构。但是，如果完全按国家法来处理各种纠纷，彝族人一时无法适应，他们习惯用本民族习惯法和民间调解来解决问题。可见，“德古”调解具有较特殊的权威性和公信力，容易得到彝族群众的普遍认同和肯定，成功率高。

（四）彝族纠纷调解出现的主要变化

当前，彝族多元化纠纷解决机制也随着社会背景的变化而出现了新的面貌与契机。

首先，纠纷案件发生了变化。在以前，由于彝族地处偏僻山区，社会生活单纯而封闭，纠纷也相对单纯。主要是三大类，即婚姻家庭与继承的纠纷、房屋土地的纠纷、债务经济的纠纷。受改革开放市场经济浪潮的影响，彝族人民开始离开世世代代居住的村落，走向外面的世界，同时，外面的人也进入彝区，彝族人民开始与不同民族的人打交道，从事生产生活活动，这时也就面临新型纠纷的产生，如劳动争议纠纷、环境污染纠纷等。

其次，调解者自身发生变化，新型“德古”应运而生。传统中的“德古”一定是某个氏族的首领，但氏族首领却不一定能成为“德古”。[1]他们既不懂汉语，也不懂汉字，仅仅凭借其在彝族地区一定范围内的“社会权威”进行调解。但是，正如前文提到的，现在纠纷的种类又有了新的发展，为了适应新的需求，彝族地区一些经济较为发达的地区出现了新型“德古”。所谓新型“德古”是指既受过彝族传统文化的熏陶，熟知彝族传统习惯法，又在学校接受过系统的汉文化知识教育，还通过自学等方式习得一定的国家法律法规常识的彝人。他们大

〔1〕 海乃拉姆、曲木约质、刘尧汉：《凉山彝族习惯法案例集成》，云南人民出版社1998年版，第136页。

多在乡、县基层政府部门工作，平时活跃在各种纠纷调解现场参与调解。近年来，他们还常常作为凉山彝族腹心地区不同家支彝人的代理人，走出大凉山到其他民族地区为彝人与其他民族之间发生的纠纷进行调解。[1]

最后，“德古”调解纠纷的依据多元化。原来，“德古”“苏易”都是根据家支的习惯法来调解当事人纠纷的。随着我国法制化进程的不断深入，国家制定法通过对彝族地区人民生活进行潜移默化的教化，渐渐深入其思想，成为其约束自我行为的准则之一。如今，“德古”在调解时会灵活运用民间法和国家法，将纠纷放在民族传统的大背景之中，结合具体的场景与社会关系以及调解者的“地方性知识”，平衡纠纷当事人的利益纠葛。

（五）彝族纠纷调解面临的主要问题

从彝族多元化纠纷调解机制自身来讲，由于其为奴隶氏族社会的产物，具有许多原始落后的消极因素，严重制约着其发展。

（1）“德古”调解纠纷主要运用的是习惯法。而习惯法保留了大部分奴隶氏族社会的影响，有许多值得诟病的地方。比如，彝族习惯法允许血亲复仇，保留了冤仇就应该“血债血还”，为亲人复仇理所应当值得敬佩与嘉奖。在这种偏激而冲动的文化的影响之下，彝族地区人民复仇心态盛行，成了社会的不稳定因素。加之该种血亲复仇往往都会上升到家支冲突的高度，粗估一下一个家支的人数，我们不难想象，一个小小的纠纷最终极有可能演变成为群体性事件。再比如，“德古”在调解中仍然保留了神示证据的制度，当纠纷双方各执一词、不肯退让，而“德古”又不能根据现有的证据得出结论平息纠纷时，

〔1〕 蔡富莲：“当代凉山彝族腹心地新型德古研究——以美姑县阿奇家支德古兼头人阿奇乌合为例”，载《贵州民族研究》2009年第6期。

“德古”会选择充斥着浓厚的宗教神秘色彩的神示证据的方式来解决问题。

（2）“德古”的调解在一定程度上架空了国家法。“德古”的调解范围不仅仅是在民事方面，也包括刑事案件以及类似刑事附带民事案件，最为明显的是其保留了“赔命价”的习俗。在彝族地区的一些报复性伤害案件中，如若造成了人员的伤亡，往往只是在“德古”的调解下，对受害人及其家庭以及其所在的家支进行一定的赔偿，“赔命价”一付便事了，不再寻求国家司法机关的保护，一些偏远的农村地区民众还会阻止国家司法机关的介入。

（3）“德古”调解群体性的特征容易造成群体性事件。“德古”在调解不同家支成员间的纠纷时，纠纷的解决实际上并不只是当事人双方的事情，更多时候会转化为双方所在的家支的矛盾，在调解过程之中，家支的其他成员会积极参与进来，当事人出于给对方以威慑的心理也会主动邀请亲友前来出谋划策或是助威。家支成员数目的庞大，以及维护所在家支整体利益的动因，使得“德古”的调节随时有可能演化为家支的械斗——彝语称为“打冤家”。

二、彝族多元化纠纷调解机制重构的必要性

多元化纠纷调解机制的合理性归因于社会主体对纠纷解决方式需求的多样性，而这些需求也同时决定了多元化纠纷解决机制对于人类社会具有客观而重要的价值。

（一）当代彝族利益和冲突的多元化

人类社会总是充满了复杂的利益冲突，由于冲突的性质、形式和激烈程度不同，解决冲突和纠纷的手段、方式也必然是多样的：在社会激烈对抗的情况下，解决纠纷最有效、最直接

的手段是战争或暴力镇压；在自治性较强的社会环境里，协商型、调解型的方式更为适合主体的需要；而在稳定的法治社会，诉讼审判则被奉为最为正统、公平和权威的纠纷解决机制。[1]彝族社会处于社会转型时期，新的利益冲突和新的纠纷类型会不断出现，针对这些纠纷的特点，人们也会选择更为有效的解决方式。

（二）彝族社会价值观和文化传统的多元化

社会主体价值观的多元性，还体现在主体所追求的“公平”在内容和标准上存在的差异，虽然各种纠纷解决方式都以公平与正义作为最高价值，然而，其内容却各有侧重，表现为诸如基于情理和社会规范与基于法定权利义务、情谊维系的考虑与就事论事的一次性解决、双方协商妥协与权威机关的是非决断等的对立与矛盾。因此，即使是在同一个国家或社会中，社会主体对于纠纷解决的方式也会表现出不同的偏好。基于这些观念和现实的考虑，人类总是期望有多种可供选择的纠纷解决方式。相对于此，彝族民间调解则尽量发挥当事人在纠纷解决中的自主性和功利主义的合理性，采取常识化运作程序，争取做出接近情理的解决，并以节约纠纷解决成本、追求效益为基本目标，仅就结果（即纠纷解决数量的比例）而言，彝族民间调解在功能和效益以及效果上早已远远超过了诉讼。[2]

（三）诉讼弊端在彝区日益凸现，司法的局限性和当事人意思自治的需要

与调解、仲裁等以一定程度的合意为前提的纠纷解决机制

---

〔1〕范愉：《非诉讼纠纷解决机制研究》，中国人民大学出版社 2000 年版，第 18 页。

〔2〕张居盛：《彝族纠纷解决、过去、现在和未来》，大众文艺出版社 2006 年版，第 198 页。

相比，诉讼程序更多地依靠法官的权威判断。以裁判的方式解决纠纷，是基于法官对案件事实、证据的判断分析，而且，在很大程度上取决于法官的自由心证与自由裁决，因此，排除了合意性的裁判，不可能达到双方当事人合意的处理结果，在有些案件中即使是胜诉的一方当事人也会对判决结果不满意。案件数量增加、裁判比例提高的同时，诉讼解决机制的弊端日益凸现。大量的案件被诉诸法院，当事人无疑是希望法院尽可能迅速而又合法地处理这些案件，但法律所规定的诉讼必经程序、庭审的复杂性、个案情况各异以及法官整体素质所限等因素，案件在诉讼的流程线上不能做到畅通无阻，这在客观上导致法院不可能对案件及时而又合法地裁判，也就不可避免地导致诉讼拖延、经济与精神上的耗费。虽然在彝族地区还没有出现大量纠纷向法院集中、诉讼案件急剧增加的局面，但诉讼案件久拖不决、诉讼成本太高等弊端已经日益凸现。

（四）符合彝族民众的民族习惯和现实利益

彝族多元化纠纷调解机制的产生具有浓厚的历史与民族背景。彝族是通过民主改革直接由奴隶民族社会进入社会主义社会的，在此之前，其一直没有建立自己统一的政权，也没有相应的司法机关，司法权落于民间。社会成员靠着共同的男性祖先而世代相传的父子联名谱系作为一根链条贯穿起来，这就是所谓的家支。尽管在经历了家庭联产承包和政社分治之后，家支观念在彝族人心中仍旧根深蒂固。与家支相伴而生的作为维护家支成员生存权利、保障其从事社会活动秩序和确保家支之间和睦相处的习惯法和独有的纠纷解决机制也就深入心了。所以，彝族人有了纠纷找家支头人或者由“德古”进行调解的习惯，也出现了其不愿意采用诉讼解决纠纷，甚至使用诉讼解决的纠纷不被认可的状况。彝族人倾向于民间调解，并不仅仅是历史习惯造成的。家支是一个较为封闭的社会体系，彝族人生于斯，死于斯，“一荣俱荣，一损俱损”，强调宗法，强调和谐。

（五）国家制定法与民间法互动的需要

彝族虽然没有自己的成文法，但是拥有着较为丰富和完善的习惯法。民主改革对彝族地区旧的政治势力、法律文化进行了涤荡，国家法也渐渐深入该地区，原始的法律受到一定的冲击。但是，一方面，已经成为民族文化一部分的法律思想的转变并不是一朝一夕的事情；另一方面，彝族地区的民间法和独有的纠纷解决机制经历了千百年的历练与打磨，祛除其奴隶制习惯法落后的部分，其仍然具有存在的必然合理性。加之我国正处于法治社会的建设之中，国家的制定法尚不完善，法律制度尚不齐全，保护受害人的法律可能要求受害人付出更大的成本。〔1〕与国家制定法相比，习惯法具有乡土性、地域性、自发性、适应性等特点，能够在最小损害的情况下获得利益的最大化。

在苏力教授看来，彝族地区人民绕过法院，采用其独特的纠纷解决机制，使用习惯法进行调解，是我国法律多元化、国家制定法与民间法互动的一种体现。彝族地区的民间法“尽管从某种特定的法律定义出发可以否认它是一种法律，然而无法否认的是与这种制度和文化有联系的观念和行为方式仍深刻地存在于中国社会中，规范着中国社会，特别是中国农村社会生活的许多方面，影响着中国的现代国家制定的法律的实际运行及其有效性”。〔2〕这种互动从短时间来看可以利用其独特民间调解的优势来弥补国家制定法的不足，更好地调和、缓解社会内部的矛盾；从长远而言，可以给立法者提供更多的实证资料，

---

〔1〕 苏力：《法治及其本土资源》，中国政法大学出版社 1996 年版，第 47 页。
〔2〕 苏力：《法治及其本土资源》，中国政法大学出版社 1996 年版，第 53 页。

尤其是在少数民族地区潜移默化间使得国家法更符合社会习惯，达成广泛的认同。由此可见，在少数民族地区采用多元化纠纷解决机制能够促进国家制定法与民间法的互动，满足缓解法制现代化与本土社会和传统文化之间冲突的需要，实现社会和谐。

三、整合民间调解资源，推行彝族多元化纠纷调解机制

凉山至今仍广泛保留着用本民族习惯法来化解纠纷的习俗，所以，人民法院在强化司法调解，构建“大调解”工作体系中，结合本地实际，融合民族习惯，采取吸纳彝族民间“德古”作为法院特邀人民陪审员的办法，积极探索创新出了一套具有特色的多元化纠纷调解机制，逐步走出了一条少数民族地区多元化调解的成功之路。

（一）“德古”受聘“特邀人民陪审员”，探索“法官+‘德古’”的调解模式

《全国人民代表大会常务委员会关于完善人民陪审员制度的决定》（已失效）第4条第2款规定：“担任人民陪审员，一般应当具有大学专科以上文化程度。”这一条件的设定阻碍了人民陪审员制度在少数民族地区的发展。为克服这一难题，凉山彝族自治州人民法院将人民陪审员调整为特邀人民陪审员，使其在实质内容不变的前提下更符合当地实际。[1]决定在“德古”中选任特邀人民陪审员的理由如下：“德古”是从基层群众中自然公允产生的、无世袭的习惯法掌握者；“德古”一般人品好，在群众中有威信；“德古”影响力大，经法院培训后，是最佳的国家现行法律的宣传者和传播人，是实现凉山彝族地区向现代司法文明过渡的最佳人选。

---

〔1〕 张黎：“凉山州特邀人民陪审员制度的理论与实践研究”，载《凉山审判（内刊）》2010年第1期。

“德古”的存在缓解了法院的压力，而法院不可能被“德古”所取代，像因经济活动而产生的合同纠纷、交通事故等，一般都还是通过法院解决。对于一些特别棘手的案子，“德古”在处理不了时，会将双方带到法院。而法院在处理这类案子时，同样会邀请“德古”来参与调解。这一调解模式是使被聘任为特邀人民陪审员的“德古”与法院法官合作，在法庭的组织、管理、督导下，参与民事案件的调解或受法庭委托对案件进行调解。从目前的实践效果来看，90%的调解协议都能当场履行，10%能在规定时间内履行，基本无反悔案件。特邀人民陪审员既具有“德古”身份，又具有一定的司法资格，能通过法院参与民事纠纷的调解。对当事人指定找特邀人民陪审员为其调解的，则以民间形式确认调解结果，或由法院出具调解书予以确认。这种特邀人民陪审员单独行动、“背对背”的调解模式被上升为了“法官+‘德古’”的调解模式，有利于保证调解结果不损害法律及他人的合法权益。

案例：原告阿都某某向法院诉称，其丈夫因交通事故去世时赔偿所得的13万元现金被丈夫家的家支分配，自己与女儿只得到1000元。丈夫家的家支还按照转房习俗这种旧的婚姻习惯，强行要求自己转房嫁给身患疾病且已有妻子的古次某某，请求法院保障自己的合法权益。法院受理该案后，鉴于该案在彝族农村地区具有一定的典型性，为保障农村妇女儿童的合法权益，针对原告的丈夫所在家支居住在交通不便的地方，且原告丈夫去世时的赔偿金实际已经由古次家的家支成员全部分配的具体情况：一是派出特邀人民陪审员到被告处按民族习惯进行民间调解；二是组织由民庭法官与人民陪审员（县妇联干部）组成的合议庭，到基层巡回开庭调解此案；三是请乡党委政府出面把被告方的头人召集到法庭进行调解。在进行调解时，由于被告方思想观念保守，提出了种种条件，给调解工作带来了很多障碍。法院由法官、人民陪审员、特邀人民陪审员组成的调解队伍保持高度的耐心，明确提出原告的婚姻必须是绝对的、不附带任何条件的自由。对原告丈夫的赔偿金，法院在坚持按法律原则分配的前提下，充分尊重彝族民间习惯，适当考虑被告方因原告丈夫去世花费的各项开销，通过与县妇联、当地乡党委政府的携手合作，经过民间调解、法庭调解、行政调解多种方式的联合协作，以及特邀人民陪审员、人民陪审员和主审法官的努力，成功使被告方最终同意不再干涉原告的婚姻自由，原告今后完全可以凭自己的意愿决定自己的婚姻，并且，被告方还将原告丈夫的赔偿金除必要的开销外都返还给了原告，使原告及其女儿的合法权益及时得到了法律的保护。

（二）通过调解解决纠纷的方式，实现国家法与彝族习惯法的良性互动

“德古”精通天文地理、伦理道德及历史，从远古以来即是地方的社会精英与断案判案者。在处理案件时，他们并不会顽固地排斥国家法律与政策。实际上，他们在断案时常常会把习惯法和国家法结合起来使用，使其更具说服力，起到更好的效果。国家法与习惯法通过调解者在纠纷解决过程中不断协调、适应、融合，使国家法为彝族人们所认识，也使习惯法与时俱进，不断现代化。彝族多元化调解机制，就是要把在彝族社会生活中充当调解人的优秀“德古”，吸纳入人民调解员队伍，在司法行政部门的组织、管理、培训和指导下，在国家法律的原则范围内，结合彝族习惯法和善良风俗习惯，创造有利于社会稳定的工作机制，改造带有奴隶氏族社会烙印的传统习惯法，将国家法和彝族习惯法相结合，发挥“德古”知晓习惯法、能言善辩、具有一定声望和权威的特点。我国应通过调解机制的

运用及其所具有的制度创新功能，为两者的良性互动提供一个正式制度性对话渠道。具体是将国家法律制度的形式与习惯法的内容进行融合，实现国家法与彝族习惯法的良性互动。

要想协调彝族习惯法和国家法的冲突，合理发挥“德古”调解的传统职能是方法之一。法院将“德古”吸纳为法院的特邀人民陪审员，在调解案件时，“德古”不须要严格按照法律规定来处理每一个环节，而是要在不违背法律的基础上，促使双方自愿达成一致。其实，这也是满足了调解的两大基本原则即自愿和合法。通过“德古”调解的纠纷，当事人一般都会自觉履行。而且，“德古”调解具有终局性，当事人不得反悔。此外，“德古”还可以把国家法和彝族习惯法结合在一起，而司法部门也应当对此作出适当让步，而不是一味地要求必须按国家法处理纠纷。

案例：原告A（彝族，男）与被告B（彝族，女）按照彝族民间习俗为双方的子女订立了“娃娃亲”。原告家给了被告家500元的彩礼并按照彝族的习惯举行了仪式。此后，被告的父亲去世时，原告家又先后拿出1000元钱去吊唁。现被告家向原告家提出辞退这门亲事，双方为此发生纠纷，并发展到恶性斗殴，使得事态进一步扩大。原告即诉至法院，要求被告家赔偿损失10 000元。法院接到诉状后，针对案情进行分析并到当地展开了全面调查和走访。法院得知：原、被告是邻居，因两家的家长关系比较好便指腹为婚。孩子出生后，原告家便给了500元彩礼，订立了“娃娃亲”，并按照习俗举行了仪式。但两家子女长大后，被告家的女儿不愿意嫁给原告家了。为此，双方发生了纠纷和恶性斗殴事件。在了解了基本案情后，法院考虑到彝族民间风俗习惯，加之双方家支大、人员多，如轻易下判，不仅不能缓解矛盾，可能还会使矛盾激化，甚至转化为恶性刑事案件。此案由法官和彝族“德古”（特邀人民陪审员）共同参与调解。在调解过程中，法官认真讲解了相关法律规定，“德古”也按照相关调解程序反复做双方的工作。最后，双方达成协议：被告家返还原告家彩礼 500 元并一次性给予补偿金 4500 元；双方从今以后不得干涉对方的婚姻。在本案中，当地法院尊重彝族风俗、灵活运用法律，用国家法律引导少数民族民间习俗向法治化轨道转变，做到了民族地区民间纠纷的处理既尊重风俗习惯，又符合法律规定。

四、多元化纠纷调解模式的特点

特邀人民陪审员参与的“法官+‘德古’”“国家法+习惯法”多元化纠纷调解模式，在具体的纠纷调解实践中，与以往的传统民间调解和现代司法调解相比较，显现出了许多不同的特点和优势：

（1）立案迅速，程序便民。纠纷发生后，在特邀人民陪审员的参与下，在法律的原则框架内，法院可以当天立案、当天调解。

（2）口头立案，免交诉状。农村彝族群众大多只会说彝语，汉文化程度低，书写诉状困难。通过口头立案，免交诉状，可以解决特殊困难群众的纠纷调解需求。

（3）上门调解，提高效率。彝族农村地区多为高山地区，居住分散，而特邀人民陪审员在办理民事纠纷时，可以上门服务。同时，利用赶场天、节假日时间和人员相对集中的时机进行调解。

（4）担保措施，确保质量。对矛盾时间长、历史恩怨深、案情复杂的疑难民事纠纷，采取担保措施，即在双方达成调解协议后，请双方家支的“苏易”来担保，使得双方不会轻易反悔。彝族谚语说："戴金子腰带的人，推翻不了戴麻绳腰带的人调解成功的纠纷。"由此便增强了习惯法的权威性，提高了人们对习惯法的信仰，从另一个角度讲便是"德古"的公正性意义得到了社会认同。

（5）调解和解，确保执行。经特邀人民陪审员调解的案件，按照习惯法约定执行，既能当场兑现调解协议，也能于事后及时履行，避免了"执行难"的问题。

（6）相互学习，共同进步。特邀人民陪审员虽然对法律不是很熟悉，但却熟悉农村的生活习惯和思维习惯，熟悉农村的乡间规定和规律，同时和农村群众在心理上较为接近。特邀人民陪审员的加入，对熟悉国家法律的法官也是一个学习的机会，其可以使法官更加了解本地方的调解习惯和规律，从而能够进一步将法律与地方习惯相结合，为创造性地开展农村审判工作提供一个良好的平台。而特邀人民陪审员通过与法官的合作及调解配合，也能从中学习到国家法律的原则和规定，从而逐步认识到国家法律的好处和作用，也有利于特邀人民陪审员业务素质的提高，形成一个相互学习、共同进步的良好机制。

五、多元化纠纷调解模式的成效

特邀人民陪审员参与的"法官+'德古'""国家法+习惯法"多元化纠纷调解模式的实施，突破了原有的司法调解框架，有效地整合了民间调解资源，实现了民间调解与司法调解的对接，构建了调解新格局，及时化解了大量矛盾纠纷。具体体现在：

（1）法院民商事调解发生可喜变化，法院工作呈现"四升四降"的良好局面。"四升"：受案量大幅上升、调解率大幅上升、执结率得到提升、法院满意度和公信力得到提升。"四降"：

群体性纠纷案件下降、涉法上访下降、二审改判率下降、二审发回率下降。

（2）民事转刑事案件得到化解。彝族地区山高路远，纠纷发生时，相关部门人员很难及时赶到事发现场，常常无法挽回损失。由于彝族人民家支观念根深蒂固，彝族习惯法鼓励血亲复仇，民间纠纷调解得不及时就很可能演变成为群殴、群伤，甚至家支械斗。特邀人民陪审员与村民往往是同村同邻，在一些突发性事件中，常常可以第一时间赶到现场，展开前期劝导工作，控制事态恶化，并协助法院进行调解，可以避免许多恶性事件的发生。

（3）彝族传统优秀文化得到弘扬，民间调解资源得到一定整合。彝族习惯法是彝族人民的宝贵历史财富，它的存在与有效运行，对当前凉山的法治建设具有重要意义。彝族民间调解人“德古”以公正性支撑其生存与发展，其声望依其个人素养及纠纷化解能力的高低而定。他们一身正气，处事公正，引古论今，明辨是非，说服教育力强。而成为“特邀人民陪审员”，更是使其公信力得到了进一步提升，使其调解的便捷性、实效性、可执行性等优势得以淋漓尽致地发挥。这一模式既可以缓解法院审判力量的不足，提高民事案件调解率，又可以使民间调解逐步走上规范化、法治化道路。

（4）促进彝族习惯法和国家法之间的有效衔接。多元化纠纷调解机制实质上是国家法律制度的形式与习惯法的内容之间的互补合作，在现实调解中就是要兼顾国家法和习惯法进行调解。对于占总纠纷量之多数的婚姻纠纷，由于每年因此引起的涉群案件很多，所以一般都考虑采用习惯法；对于刑事案件，不允许“刑案民调”，但并不否认通过协商解决民事赔偿部分。法院在处理纠纷时会邀请“德古”参与调解，传统习惯和国家公权力双管齐下，进而化解纠纷，使习惯法和国家法之间有机衔接起来。彝族习惯法虽然无国家法的明文规定，但却深深扎根于彝族人民的内心之中，长期以来一直调整着彝族社会各种各样的社会关系，有时甚至发挥着不可替代的规制作用。当然，彝族习惯法与国家法依然存在一些冲突，需要对彝族习惯法去粗取精、去伪存真，才能实现彝族习惯法与国家法的良性互动。

六、对少数民族地区司法工作的借鉴价值

在现代司法体制下，彝族习惯法甚至其调解制度对国家司法造成了一定冲击。在这个大背景下，彝族民间调解将何去何从，如何与国家司法进行互动，如何将民间调解纳入正式或半正式的国家司法领域，如何解决“德古”这一群体存在的形式，如何尝试两者之间的有益合作，都值得我们去研究。“特邀人民陪审员制度”作为多元化纠纷调解机制的有机组成部分，不仅开启了破解一直困扰少数民族地区的民商事审判职能障碍问题，也为推动凉山多元化纠纷调解机制与“大调解”工作体系的建立和发展找到了方向和路径——尊重彝族传统调解文化，构建适应少数民族地区需求的大调解工作机制。

（一）彝族地区司法机关观念的更新：对习惯法的尊重和认可

“国家通过健全而日渐有力的国家机构实施国家法，保障国家法的效力。”[1]可见，不能忽视国家法的普遍性，但对于每个地区、每个民族的特殊情况，由于国家法在彝族地区本土化程度较低，难免会“水土不服”。彝族地区的司法机关将国家法和习惯法的内容相结合，在调解时由法官与“德古”相配合，将法律与传统习惯相结合，以达到更符合彝族人民预期的效果。

---

〔1〕 高其才：“现代化进程中的民族习惯法——以广西金秀郎庞瑶族‘做社’为例”，载《中国民族》2007 年第 3 期。

如针对一些纠纷，司法机关不会因为其不符合国家法的规定而拒绝受理，也不会基于对习惯法的尊重和认可将定分止争的工作完全交由习惯法解决。在多元的格局下，无论是从政治、功能、文化的角度，还是从效益的角度，习惯法都应当得到善待、引导并发挥积极作用。因此，通过在立法及司法层面上建立和完善合理的沟通机制，将习惯法作为一种宝贵的法律资源，善待习惯法，推动其与国家法的良性互动。

（二）以国家法为指导，发挥司法职能优势，结合合理部分的彝族习惯法，有效化解矛盾

在彝族地区，社会基础、经济基础、交通等与发达地区有很大差异，如果完全按国家法来调解各种纠纷，彝族当事人一时间将无法适应。比如，在法院宣判后当事人还会按民间习惯通过“德古”进行调解。因此，法院在案件审理过程中应主动邀请特邀人民陪审员参加法庭调解，根据法律标准结合习惯法，分析案件发生和发展的原因，判断当事人的责任大小后，结合赔偿当事人的实际赔偿能力，进行综合评价，化解矛盾。经过这样处理的案件大多都能当场兑现，进而收到良好的法律效果和社会效果。

案例：在原告 A（彝族，男）诉被告 B（彝族，女）离婚纠纷一案中，由于被告 B 与另一男子有婚外性关系，原告 A 提出与被告 B 离婚并要求被告 B 赔偿各种损失 15 万元。本案在法庭调解过程中邀请了特邀人民陪审员参与法庭调解。调解认为：原告的诉求赔偿金额按法律要求过高，同时被告也没有赔偿能力。加之夫妻之间已共同生育一儿一女且夫妻感情尚未彻底破裂，女方也有回心转意之意。对此，本案在依法调解过程中合理应用了习惯法，即邀请女方的长辈亲属教育女方，让女方知错、认错、改错并向男方赔礼道歉，赔偿损失（由女方的父母

兄弟向男方的父母兄弟及其亲属赔偿 10 只母绵羊、10 只母山羊、10 只母猪、10 只母鸡）等，并且由女方的长辈和兄弟将牲畜送到男方家，由男方杀羊招待女方亲属并送给女方亲属一锭银子。按以上内容调解后，原、被告夫妻双方破镜重圆、和睦相处，开始了新的生活。

案例：在吉拿某某故意伤害尔其某某一案中，刑事附带民事诉讼的原告要求被告赔偿各类损失 456 648 元。法院在审查过程中认为：原告要求赔偿金额过高，超出了法律规定范围，也超出了被告的赔偿能力。而彝族习惯法规定，右手骨折伤的赔偿范围是：2 匹马折成人民币 2000 元、牵马人 5 锭银子折成 500 元、9 丈丝绸折成 900 元、包扎费 5 两银子折成 50 元、赔礼道歉 1 头牛折成 3000 元、白酒 100 斤折成 200 元、送鬼做迷信费 1000 元、受害人妻子赔礼费一锭银子折成 100 元，以上共折成人民币 7750 元。参加调解的法官和“德古”认为，以上习惯法规定的赔偿范围，除不合理的送鬼迷信费外，其余 6750 元均应予赔偿。而原告的手已被法医鉴定为重伤伤残，丧失了部分劳动能力，被告还应按法律规定赔偿原告伤残补助费 35 350 元，最后综合调解认为由被告吉拿某某赔偿各种损失费用 6750 元，伤残补助费 35 350 元，共计 42 100 元。调解协议达成后，被告及其家属当场兑现。这种以国家法为指导，结合民间习惯法合理部分调解的案件，取得了很好的社会效果。

（三）善待习惯法，实现彝族习惯法与国家法的调适

挖掘传统文化，充分发挥习惯法的优势，吸收习惯法的合理部分。由于彝族习惯法是经过长期的积淀而形成的，其中具有一定的合理部分。司法机关应确保国家法在彝族地区的有效运行，同时又尊重合理的彝族习惯法，构建国家法和习惯法互补协同，共同发挥作用的法律多元格局。在多元的格局下，习

惯法都应当得到善待、引导，进而发挥积极作用。

用法律确认其渊源地位，从制度层面加以有力保障。应当在民事立法层面对习惯法的适用进行相关规定，并确认其法律渊源地位。我国虽然不采用判例法制度，但是最高人民法院以及上级人民法院的典型案例对下级人民法院具有指导作用。法官可以援用相关的习惯法，用以补充法律漏洞。民族自治地方的自治机关可以根据自己的民族习惯和当地实际制定法律的变通规定，以解决习惯法与国家法的冲突，实现国家法与习惯法的互补、对接和并存。在规范层面，国家法应适度“让位”习惯法，在“法外地带”充分尊重习惯法，使国家法和习惯法在内容上“互补”空白，在运作过程中实现良性“互动”。

（四）注重对民间调解的调适，实现民间调解与国家司法的良性互动

一个不同于国家正式制度的彝族社会的秩序是客观存在的，彝族人民所拥有的规范知识并不因其自身是传统的就一定是落后的和不合理的，彝族人民之所以尊奉一些长期流行的习惯，依靠“德古”调解纠纷，正是因为这些习惯和“德古”具有根植于彝族社会生活的合理性。所以，当“德古”的处理决定同国家法相冲突时，司法机关不能僵化地以国家法来否定“德古”的处理决定，而应当寻求国家法和“德古”的相互妥协和合作。当前，在彝族社会的法治建设中，我们不应简单地否定彝族习惯法和传统纠纷解决方式，把纠纷集中于法院，而是要吸收习惯法的合理部分，实现国家法与习惯法的良性互动，实现法院诉讼与传统纠纷解决的良性互动，实现传统纠纷解决模式与现代纠纷解决方式的衔接，进而构建多元化纠纷解决机制。我们应整合传统纠纷解决资源，将“德古”吸收进现代纠纷解决模式，充分利用民间调解资源，规范调解行为，推荐优秀“德

古”，以充实人民陪审员队伍。司法机关在国家司法的统一指导下充分、合理地吸收和利用彝族“德古”调解习惯法的价值，并通过各种渠道和手段与司法相协调和结合，从而实现其在彝族地区的司法价值。笔者相信，通过正确的引导，“德古”调解将有效地实现为社会主义法治服务的功能，进而有效地对彝族地区实施国家治理和社会治理。彝族“德古”调解有坚实的生存土壤基础，在不同的历史时期仍存在着广阔的生存空间，这既是国家法局限性的一种体现，也是“德古”调解有优势的原因。彝族习惯法和“德古”调解制度不管是合理的内核还是消极的因素，其存在既有历史局限的原因，也有一些外部客观的原因。对问题的解决，我们需要透过现象看到本质，从而进行质的改造，这是一个渐进的过程，需要审慎、耐心地进行。而“德古”调解文化有着深厚的文化基础、丰富的实践经验。笔者相信，通过正确的引导，彝族“德古”调解能够进行法治化改造，从而实现彝族“德古”调解与国家司法的良性互动。

/ 第三章 / CHAPTER3

诉调对接纠纷解决机制

——基于S省P县法院的实证分析

在现代法治社会，虽然司法在纠纷的解决系统中处于核心和权威的地位，但并不意味着所有的纠纷都必须到法院去解决。一个理性的社会，应为人们提供多元化纠纷解决机制。在社会生活日益复杂化、纠纷大量增加的情况下，如何结合纠纷类型及当事人需求，使当事人在考量其程序利益和实体利益后，选择适当的纠纷解决方式，使权利能适时、有效地实现，同时减轻法院的司法负担，是诉讼法学理论界和司法实务界关注的重要课题之一。通过近两年的试点工作，S省P县法院积极探索符合实际的多元化纠纷解决机制，不断发掘、整合非诉调处力量，在完善诉调对接纠纷解决机制改革试点工作方面进行了有益的探索，取得了显著效果，但也仍存在一些问题。笔者通过数据统计、实证分析等形式进行调研，深入研究法院诉调对接工作的有效和规范运作模式对于推动司法改革和创新社会管理具有重大的实践指导意义。

一、诉调对接纠纷解决机制的正当性解读

诉调对接是指诉讼和调解这两种纠纷解决途径和方法之间的沟通、衔接与互动，是一种以法院为主导的，多元主体参加构建的诉讼与调解相互作用，司法调解、人民调解和行政调解

等有机衔接的机制。由司法实务界创设的诉调对接纠纷解决机制在对现有的各种纠纷解决方式进行调整的基础上实现各种纠纷解决方式的合理衔接，以更好地发挥它们各自的功能和整体的效益，是构建我国多元纠纷解决机制的一种有益探索与尝试。

（一）诉调对接的理论基础

诉调对接纠纷解决机制建立在能动司法理论的基础之上。能动司法理念在内涵和特征上为诉调对接纠纷解决机制的创建与实施提供了法理支撑。[1]在当代中国的语境中，所谓能动司法，大致是指法官不应消极被动地坐堂办案，不顾后果地刻板适用法律。在尚处于形成过程中的中国司法制度限度内，法官可以并应充分发挥个人的积极性和智慧，通过审判以及司法主导的各种替代纠纷解决方法，有效地解决各种复杂的纠纷和案件，努力做到“案结事了”，实现司法的政治效果、社会效果和法律效果的统一。[2]在人民法院的主导下，诉调对接纠纷解决机制着力于实现法院诉讼制度和法院外调解制度的有机对接，以诉讼制度强有力的公权力支撑和程序保障来弥补各类调解制度的缺陷；而调解制度先天的优势恰恰可以弥补诉讼制度在解决纠纷方式灵活性方面的不足；二者有机衔接，优势互补，良性互动。诉调对接纠纷解决机制的创立初衷与运行宗旨深深地契合于能动司法理念，是能动司法理念在新时期人民法院司法实务工作探索中的生动体现。

（二）诉调对接是连接整合 ADR 的桥梁纽带

我国已经建立起了多种纠纷解决机制，包括传统的人民调

---

〔1〕 胡赪、宋昱君：“论诉调对接的法理基础与价值诉求”，载《湖南工业大学学报（社会科学版）》2012 年第 2 期。

〔2〕 苏力：“关于能动司法与大调解”，载《中国法学》2010 年第 1 期。

解、现代型的仲裁和其他不同类型的非诉纠纷解决方式等。[1]从非诉讼纠纷解决机制的种类上看，我国可谓是“ADR 先进国”。然而，问题在于包括人民调解与法院诉讼在内的各种纠纷解决机制之间并未形成一个功能互补和程序衔接的有机体系。诉调对接纠纷解决机制的实质是将法院所垄断的纠纷解决权（实际上一直未实现也不可能实现）逐步地向社会回归，实现纠纷解决机制从国家到社会的总体演变，在法院的周围组织、培植多种形式的纠纷解决机制，构造出一个各种纠纷解决方式之间统一协调、良性互动、功能互补、程序衔接的有机系统。诉调对接纠纷解决机制有利于改变我国纠纷解决机制的现状，在对现有的各种纠纷解决方式进行调整的基础上，实现各种纠纷解决方式的合理衔接，实现效益的最大化和纠纷解决方式的多元化。[2]

（三）诉调对接有利于激活传统的人民调解制度

在我国纠纷解决机制现有的本土资源中，人民调解制度是除诉讼外，运用得最为广泛、最成功并深受广大群众和基层社会欢迎的一项具有中国特色的法律制度。然而，伴随着诉讼功能的日益凸显，加之人民调解制度本身存在的缺陷，人民调解的作用明显降低，一度呈现萎缩的态势。而诉调对接纠纷解决机制正是以改革传统人民调解制度为目的，通过对人民调解的指导实现人民调解与诉讼制度的有机衔接。其不仅有利于树立人民调解权威，彰显人民调解公信力，也有利于激励人民调解机构去化解更多的社会矛盾，减少国家有限司法资源的耗费，

---

〔1〕 范愉：《非诉讼纠纷解决机制研究》，中国人民大学出版社 2000 年版，第 366 页。

〔2〕 赵远：“困境与出路：我国诉前调解制度改革论析”，载《法学杂志》2009 年第 6 期。

更有利于方便、快捷地维护和实现人民群众的合法利益，使得人民调解制度这朵“东方之花”重新散发出新的生机与活力。

（四）诉调对接有利于构建多元纠纷解决机制

诉调对接中的“诉”代表法院诉讼系统，“调”代表人民调解、行政调解等非诉调解系统。诉调对接实质上是法院诉讼系统与法院外非诉调解系统的相互对接。其可以实现人民法院与社会调解组织在职能上的良性互动、在作用上的优势互补。从理论上讲，诉调对接就是一种多元化纠纷解决机制。所谓多元化纠纷解决机制是相对于单一性而言的，其意义在于避免把纠纷的解决单纯寄予某一种程序，如诉讼，并将其绝对化；主张以目的实现手段的多元化为基本理念，不排除来自民间和社会的各种自发的或组织的力量在纠纷解决中的作用。[1]

二、S省P县法院诉调对接纠纷解决机制运行的具体做法

2012年4月，S省P县法院被最高人民法院确定为《关于扩大诉讼与非诉讼相衔接的矛盾纠纷解决机制改革试点总体方案》的试点法院。S省P县法院形成了以县委政法委牵头，法院推动，多方非诉调处力量参与的“职能互动、优势互补、资源共享、责任共担”的矛盾纠纷多元化解体系。法院和各类非诉调处机构充分发挥工作能动性，在诉调对接纠纷解决机制改革试点工作方面进行了大量有益的探索，同时将司法力量重心下移，充分发挥人民法庭深入基层、覆盖面广、了解社情民意等优势，探索构建以人民法庭为中心，行政部门、人民调解委员会、社会组织共同参与的“1+X”纠纷联动化解模式，形成了矛盾纠纷多元化解的新格局。

---

〔1〕何兵主编：《和谐社会与纠纷解决机制》，北京大学出版社2007年版，第56页。

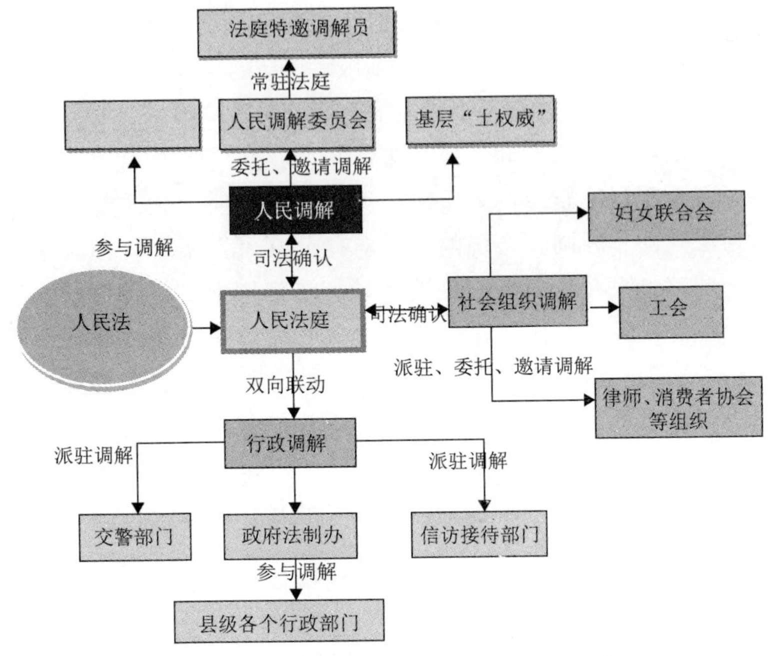

图 3-1 S 省 P 县法院开展诉调对接工作总体图

(一) 全面搭建诉调对接工作平台

(1) 建立诉调对接中心。为强化人民法院司法调解职能，S 省 P 县法院设立了诉调对接中心，在 5 个人民法庭设立了诉调对接办公室，落实了工作场所，配备了专门的工作人员，制定了完善的工作制度，明确了工作职责并严格进行考核管理。县委授权委托 S 省 P 县法院统一对诉调对接相关部门及各个镇、街道办进行目标考核。诉调对接中心及办公室统一由“县矛盾纠纷大调解协调中心”（县社管综治办）协调人民调解、行政调解、社会组织调解等相关职能单位派员入驻，进一步筑牢“县矛盾纠纷大调解协调中心”牵头揽总、三大调解分中心工作平台相对集中、诉讼与非诉讼矛盾纠纷调处有效对接的“大调解”

工作体系，充分发挥诉调对接中心司法救助维权、指导派出法庭开展诉调对接工作的积极作用。县妇联、县总工会、县司法局等调解涉诉矛盾纠纷较多的单位定期入驻办公，分类衔接处理涉诉矛盾纠纷，并根据案件处理的实际需求，灵活邀请或委派县法制办、社会组织等调解处理。

（2）打造两支队伍。建立特邀调解员和聘任调解员两支队伍，建立特邀调解组织名册和特邀调解员名册，特邀调解员在各人民调解组织、镇街道办司法所、人民陪审员及有关行业中选聘，根据具体案情的需要，灵活选择特邀调解对象，并制定了特邀调解组织和特邀调解员工作制度和职业道德准则，以规范其依法合规行使职权。聘任调解员常驻各个法庭调解速裁室，由离退休的政法干部、人大代表、政协委员、法律工作者等组成，负责引导民事调解工作，接受法庭委托开展庭前调解，协助法官开展案件调解、协调、和解工作。人民法庭通过业务指导、以案代训、以案代会、专题讲座等形式对特邀调解员和聘任调解员队伍进行定期或者不定期的培训。截至 2013 年底，S 省 P 县法院共计有入册的特邀调解组织 19 个、特邀调解员 52 名，聘任调解员 15 名。

（3）建立诉调对接网上办事平台。依托信息化技术，P 县在西部地区率先建成了具备网上在线立案、诉调对接功能的办事大厅。当事人可通过网络进行大调解的对接，以提高矛盾纠纷调处的分流、委托、移送、回复等办理效率，便利群众诉讼，努力减少矛盾升级。S 省 P 县法院结合院机关“诉讼服务中心”、法庭“诉讼服务点”、村社“诉讼服务站”三级诉讼服务网络，与县司法局一道推广使用诉调对接网上办事平台。截至 2013 年底，网上办事平台共计开展诉调对接业务 1582 件，成功办理诉调对接案件 659 件。

（4）成立交通事故巡回法庭。针对交通事故损害赔偿纠纷高发的态势，S省P县法院联动交警部门，打造了交通事故案件专业化审判平台，以快速化解交通事故损害赔偿纠纷。选派审判业务精通、法律功底深厚的资深法官长驻交警部门，充分利用法官的专业优势，提高交警调解与诉讼调解衔接工作的效率。法官一方面告知当事人在交警部门作出交通事故责任认定之前或者送达交通事故责任认定书时，有向交警部门申请调解的权利，利用交警的专业优势进行案前调解；另一方面，对于交警部门调解不成的案件，法官快速、集中、专业、就地化解矛盾纠纷，提高交警调解与诉讼调解衔接的效率效果。截至2013年底，交通事故巡回法庭共处理案件2659件，其中，诉前分流调解852件。

（5）搭建劳动争议纠纷诉调对接平台。劳动争议行政主管部门和工会与劳动行政主管部门共享信息资源，提前介入纠纷处置，参与联动调解。特别是对于拖欠民工工资、欠薪逃匿的群体性案件，多部门共同合作，做到了三个"快速"：快速指引，法院对劳动监察大队进行指引；快速通报，立案庭向执行局进行情况通报；快速处理，开通案件快审快结绿色通道，高效、便捷审结。截至2013年底，劳动争议纠纷诉调对接平台共处理案件859件，其中，诉前分流调解552件。

（6）构筑婚姻家庭纠纷诉调对接平台。在诉讼服务中心设置"妇女儿童维权岗"，由妇联派驻调解员到法院开展调解工作。此外，S省P县法院还积极邀请妇联干部作为特邀调解员和人民陪审员参与案件审理。同时，积极发挥妇联调处婚姻家庭纠纷优势，化解家庭矛盾。妇联派驻调解人员到法院开展调解工作，设置"妇女儿童维权岗"，与法院共同调处敏感纠纷。此外，S省P县法院还积极邀请妇联干部作为特邀调解员参与案件调处，积极邀请妇联干部担任人民陪审员以充分发挥其自身优势，做好调解工作。截至 2013 年底，S 省 P 县法院立案庭分流到妇联的婚姻家庭案件共计 655 件，其中，424 件调解成功，调解成功率为 64.73%。

（二）完善诉调对接工作机制

（1）建立科学合理的诉前分流机制。S 省 P 县通过法院及各个法庭的诉调对接服务窗口，针对不同的案件情形，分别进行委托调解、邀请调解、委派调解。对符合立案调解适用范围的案件进行调解，并通过诉讼服务中心大调解窗口对诉前案件实行有效分流，再由大调解办公室针对不同的案件情形，分别进行委托调解、邀请调解、委派调解，进行息诉疏导，多元化地解决纠纷。

（2）建立“二三二”立案疏导机制。具体指：“二”是立案法官在接待当事人时，用至少 20 分钟倾听当事人陈述案件情况。“三”是给当事人讲清楚三件事，做好当事人的诉讼心理预期：一是讲清选择法院帮助解决问题，就要相信法律，通过向当事人发放廉政监督卡，表明法院工作接受当事人全程监督；二是讲清可以选择诉讼或非诉讼等多元途径解决，并强调非诉方式具有灵活性、时间短、成本低等优点；三是告知当事人采用诉讼方式解决存在诉讼风险，让其提前有个心理准备。“二”是做出两个判断。首先，判断是复杂案件还是简单案件；其次，如果当事人选择非诉调解，判断适用哪类调解，进行诉前分流。

（3）建立类型化的诉前委托、邀请调解机制。S 省 P 县法院根据近年来受理最多的案件为婚姻家庭、交通事故和劳动争议的特点，积极构建和完善了“请进来、走出去”的类型化调解模式。“请进来”就是邀请工会、妇联、司法局等组织的调解员常驻法院诉调对接中心现场办公，及时参与调解，充实大调解的队伍，利用多元化的纠纷解决机制，合力化解矛盾。“走出去”就是法院派出工作人员常驻其他机构，如在交警大队进行现场调解，将案件调解的关口前移，有效化解矛盾。目前，S省P县法院已成立了交通事故巡回法庭，开展了对交通事故案件的立案调解工作，取得了良好效果。

（4）建立调解协议司法确认制度。S省P县法院坚持诉外业务指导与诉内依法支持相结合，充分发挥各类调解主体解决社会矛盾纠纷的功能和作用。县法院与县法制办、司法局联合行文对调解协议的效力予以确认，对经过各类调解组织和委托调解达成的调解协议，只要内容是双方当事人自愿达成的，不违反法律法规的禁止性规定，不损害国家、集体、第三人合法利益的，法院即依法确认调解协议的法律效力，从而增强了人民调解协议、行政调解协议和其他调解主体调解结果的公信力，调动了其工作的积极性。截至2013年底，共有153件调解协议申请司法确认，法院依法对其中的123件调解协议进行了确认。

（5）建立无异议调解方案认可机制和无争议事实记载机制。县法院就以上内容在《诉非衔接工作实施办法》中明确规定了相应的制度、指导及规范相关工作流程。在调查并征求人民调解组织、行政机关、社会组织意见的基础上，就无异议调解方案认可机制的适用范围、适用条件、适用程序制定了相应的规定，并制作了无异议调解方案认可协议书。案件当事人若无法达成调解方案，但在调解过程中对某些案件事实无争议的或者在某些方面达成一致意见，便签字记载在册。

三、诉调对接纠纷解决机制运行的实证分析

（一）诉调对接纠纷解决机制运行的整体成效

笔者将对S省P县法院从2011年起到2013年开展诉调对接工作以来的相关数据进行对比，通过对三大调解成效和诉调对接联动现状的相关数据梳理来真实呈现诉调对接纠纷解决机制运行现状。2011年，S省P县法院全年审结民事案件3185件，其中，分流到人民调解的有69件，成功13件，成功率为18.84%；行政调解案件数为零；分流到社会组织（仅分流到妇联）调解89件，成功30件，成功率为33.71%。非诉调解案件数仅占整个民事案件总数比例的1.35%。

2012年，S省P县法院被确定为诉调对接试点单位后，非诉调解案件数及成功率明显上升，全年审结民事案件3187件，调解撤诉结案2219件，调撤率为69.63%。其中，分流到人民调解的有318件，成功67件，成功率为21.07%；行政调解案件数为零；分流到社会组织（仅分流到妇联）调解的有355件，成功144件，成功率为40.56%。

2013年，S省P县法院共审结民事案件3055件，随着诉非衔接诉调对接试点工作的推进，非诉力量对化解社会矛盾的作用凸显，民事案件与2012年相比下降了132件。其中，分流到人民调解的有810件，成功363件，成功率为44.81%；行政调解（法制办、卫生局）187件，成功的有43件，成功率为22.3%；分流到社会组织（分流到妇联、工会）调解的有363件，成功172件，成功率为47.38%。

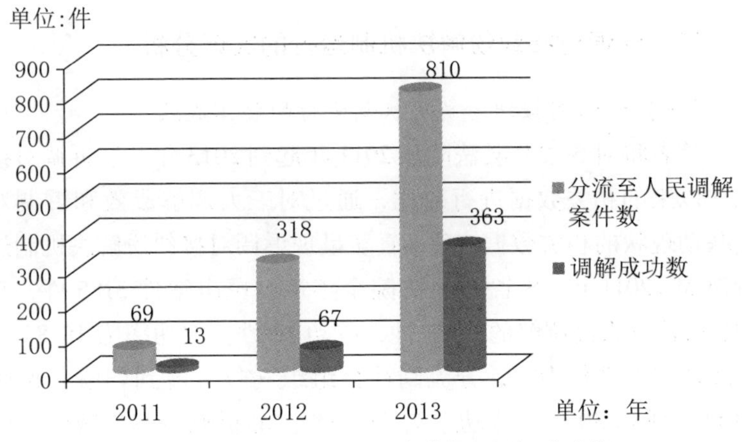

图 3-2　分流至人民调解案件数及调解成功数

从图 3-2 可知，分流至人民调解的案件数量逐年上升，由 2011 年的 69 件上升至 2013 年的 810 件；人民调解成功数量也随之上升，由 2011 年的 13 件上升至 2013 年的 363 件。调解成功率由 2011 年的 18.84%上升至 2012 年的 21.07%，2013 年更是上升至 44.81%，调解成功率逐年上升，人民调解成效明显。

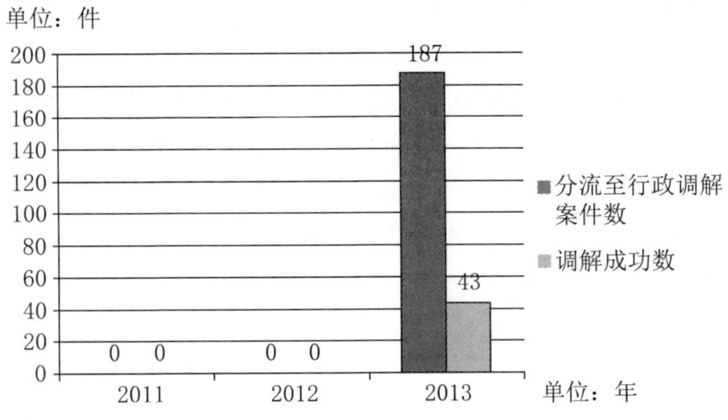

图 3-3　分流至行政调解案件数及调解成功数

从图 3-3 可知，分流至行政调解的案件数量在 2011 年和 2012 年均为零。这说明，在诉非衔接机制运行初期，行政机关与法院之间尚未建立一套可行的衔接机制，诉非工作推进在行政调解这一块尚处于起步阶段。经过多方协调，2013 年行政调解取得突破，达到 187 件，但在三大调解机构调解的案件数量仍显较少；调解成功数量为 43 件，成功率为 23%。

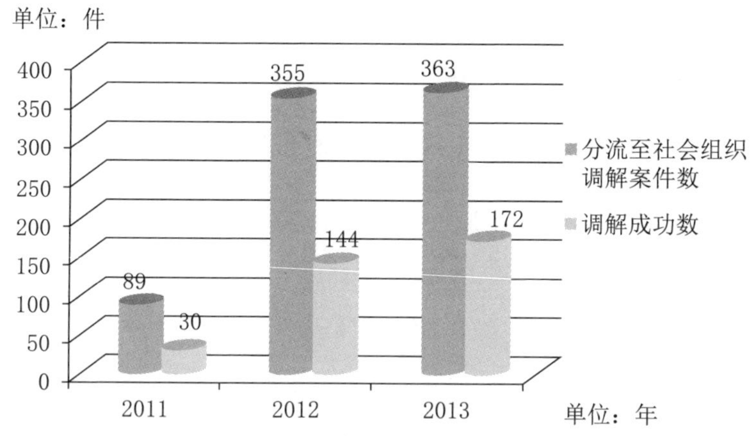

图 3-4　分流至社会组织调解案件数及调解成功数

从图 3-4 可知，分流至社会组织调解的案件数量由 2011 年的 89 件上升至 2012 年的 355 件、2013 年的 363 件；调解成功率由 2011 年的 33.71%上升至 2012 年的 40.56%、2013 年的 47.38%，调解成功率在三大调解组织中最高。这些数据表明，社会组织与法院诉调对接顺畅，调解成效明显。

综上所述，2011 年至 2013 年这三年来，S 省 P 县法院以诉调对接试点为契机，构建衔接平台，激发非诉力量，多元化解矛盾，与人民调解、社会组织调解、行政调解之间的衔接机制畅通，分流案件数量和调解成功率逐年上升，诉调对接试点工作取得了明显的成效。

（二）诉调对接纠纷解决机制运行的核心指标深度解析

我国可以发现，诉调对接过程中几项核心指标的变化，直观地了解诉调对接的运行状况。

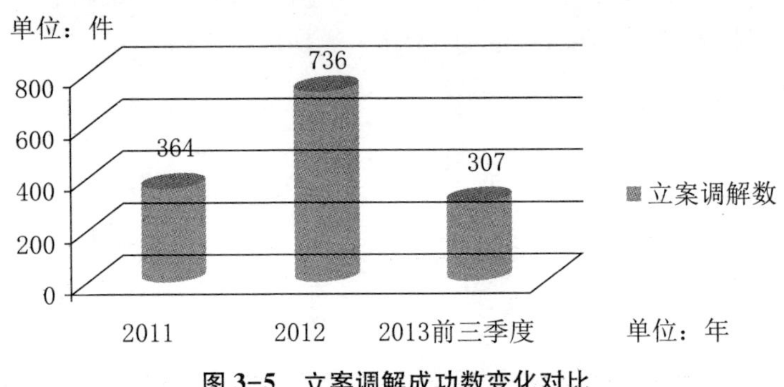

图 3-5　立案调解成功数变化对比

从图 3-5 可知，立案调解案件成功数在 2012 年较 2011 年显著增加。

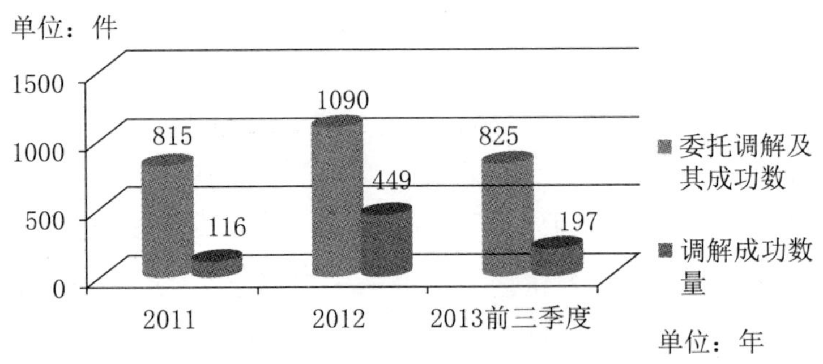

图 3-6　委托调解及其成功数对比图

从图 3-6 可知，近三年委托调解的案件数量呈现明显上升趋势，调解成功率由 2011 年的 14.23%上升至 2012 年的 41.19%，

2013 年前三季度为 23.88%。

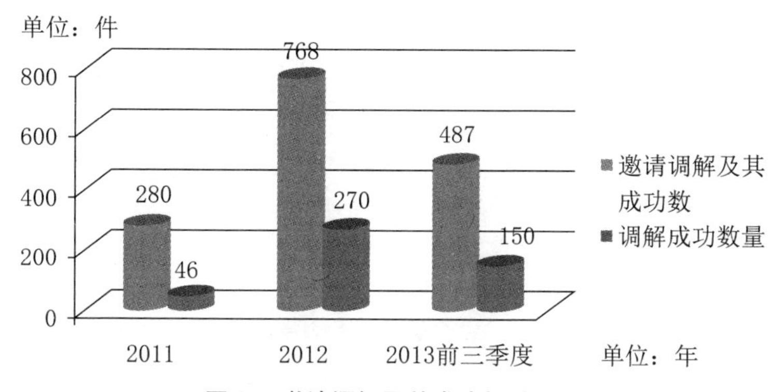

图 3-7 邀请调解及其成功数对比图

从图 3-7 可知，近三年邀请调解的案件数量呈现明显上升趋势，调解成功率由 2011 年的 16.43%上升至 2012 年的 35.16%，2013 年前三季度为 30.80%。

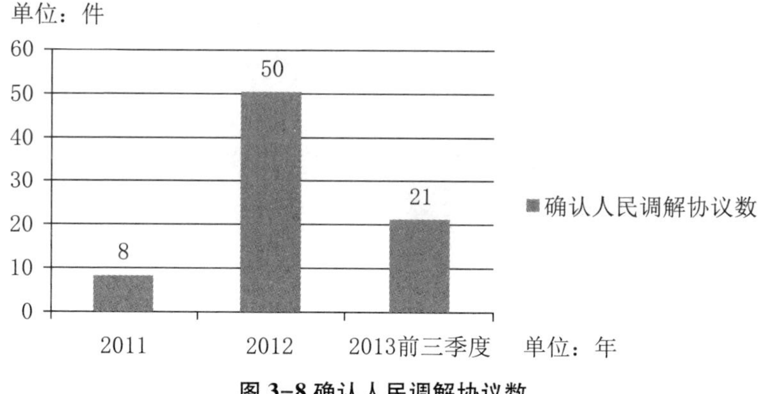

图 3-8 确认人民调解协议数

从图 3-8 可知，人民法院确认人民调解协议的数量有待提升。这一方面说明人民调解和人民法院之间的衔接不够通畅；

另一方面说明人民调解的调解能力不足。

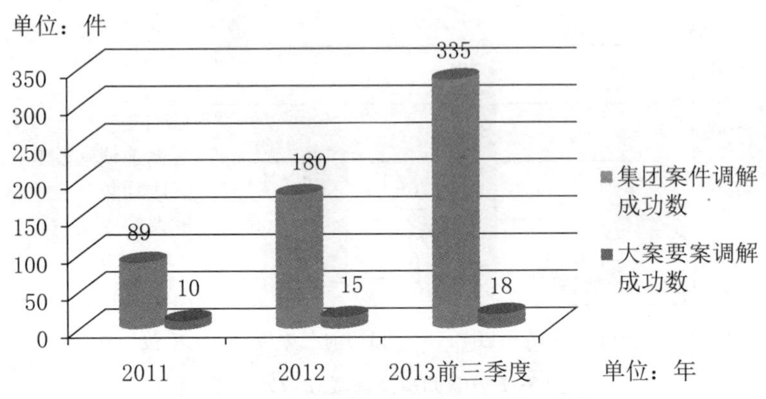

图 3-9 集团案件及大案要案调解成功数

从图 3-9 可知，近三年来，集团案件调解成功的数量呈现明显上升趋势，2013 年前三季度达到 335 件，与 2011 年相比增幅为 276.40%；大案调解成功的数量由 2011 年的 10 件上升至 2013 年前三季度的 18 件，增幅为 80%。这反映了诉调对接实施以来，集团案件及大案要案调解处理成效明显。

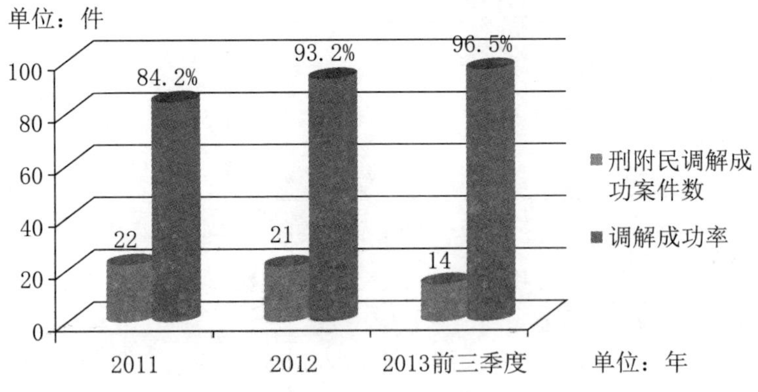

图 3-10 刑附民案件调解成功数及调解成功率

从图 3-10 可知，诉调对接纠纷解决机制运行近三年来刑附民案件调解成功率很高，运行效果呈现逐年上升的良好态势。

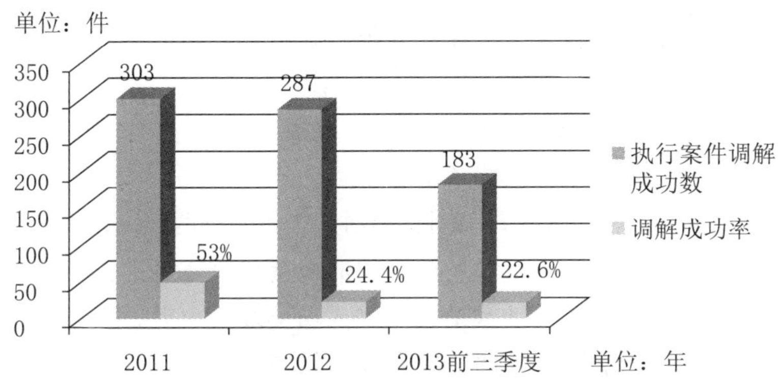

图 3-11　执行案件调解成功数及成功率

从图 3-11 可知，执行案件在调解成功的数量及成功率均不高，2011 年调解成功率相对较高，为 53%；2012 年和 2013 年前三季度成功率维持在 23%左右。

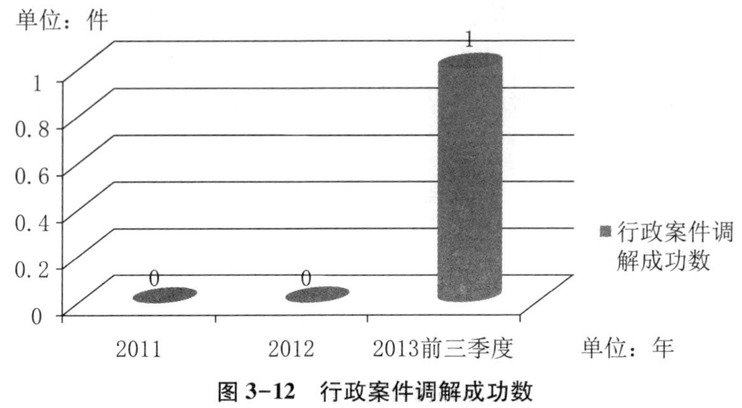

图 3-12　行政案件调解成功数

从图 3-12 可知，行政案件调解成功的数量在 2011 及 2012

年连续两年都为零，2013 年前三季度调解成功数仅为一件。这一方面是由于行政案件本身数量少（2012 年行政案件数量为 39 件），行政案件调解成功这一分母基数小；另一方面由于行政案件本身调解难度较大，案件双方矛盾更多是法律适用层面的冲突，不太适宜调解。

（三）透过数据分析

1. 诉调对接实施以来的优势层面分析

S 省 P 县法院实施诉调对接纠纷解决机制近两年来，人民法院与人民调解、社会组织调解之间的衔接机制逐渐建立、完善并运行畅通，分流案件数量和调解成功率逐年上升；人民法院本身的案件调解数量和调解成效（如集团案件调解率）也有较大提升。这就使得当事人在发生矛盾冲突时不用再单一依靠司法这一解纷途径，而可以通过人民调解、社会组织调解这些渠道方便、快捷地将矛盾纠纷化解在诉讼前。大量法律关系明确、矛盾纠纷对抗性不强的案件通过非诉方式得到快速处理，有效避免了当事人之间及当事人与法院之间的对抗，缩短了诉讼周期，节省了当事人的精力、物力，减少了诉累。2013 年 4 月到 12 月，诉前辅导自共计 5807 件，这也反映出了诉前辅导“二三二”制度在分流衔接案件处理、连接当事人诉求、案件化解矛盾方面的重要作用。

2. 诉调对接纠纷解决机制在运行中存在的不足

各种纠纷解决方式尚未形成一个协调统一的有机整体和化解纠纷链。行政机关、基层调解组织尚未与法院形成良好互动，行政机关、基层调解组织的调解功能仍没有得到有效发挥。

（1）从观念层面来讲，诉调对接和多元化纠纷解决观念还没有得到基层群众甚至领导干部的普遍认同和接受，当事人在纠纷发生后对司法解纷存在依赖，仍倾向于把法院作为解纷首选，非诉解纷获得群众认同和接受还需进一步加强宣传。大部分当事人愿意选择司法调解，不愿意走人民调解、行业调解程序。个别部门、乡镇调解人员配备跟不上，难以适应改革需要。调解组织积极性不够，缺乏激励机制，不愿接受法院委派委托调解，或者流于形式，敷衍了事。

（2）从机制对接层面来讲，人民法院与行政机关调解的衔接不通畅，运行效果差，分流至行政调解案件的数量少且调解成效不明显，这需要对行政机关与司法机关在机构设置、配套对接、人员配置、制度规范、经费保障等问题进行综合考量解决，从而进一步畅通并发挥行政调解的积极作用。很多核心的指标反映出诉调对接现状也存在一些不尽如人意的地方。如人民法院确认人民调解协议的数量较少。这一方面说明人民调解和人民法院之间的衔接仍然不够通畅；另一方面说明人民调解的调解能力不足，调解协议存在瑕疵，导致人民法院有效确认人民调解协议的数量较少。

（3）诉调对接纠纷解决机制的参与主体有待扩大，部分新机制不切合实际。目前，参与诉调对接工作的主体主要是人民调解组织、保险公司和交警部门，其他非诉调处机构（如其他行政机关、商会等）则参与较少。部分新机制不切合实际，推广运用价值不大。如民商事纠纷中立评估、无异议调解方案认可、无争议事实记载等新机制，适用主体为相关调解组织。法院虽不断加强培训，但效果仍不明显。又如调解协议支付令、调解协议申请工作机关赋予强制执行效力，适用主体为相关调解组织、公证机关，法院虽加强了联系，但实际运用非常少，没有实际价值。

3. *存在问题的原因分析*

（1）非诉调处机制存在不足。一是有些非诉调处机构积极性不高。由于非诉调处机构本身的职责定位不同，且缺乏必要的约束、激励和保障机制，有些非诉调处机构对诉讼外纠纷解决的积极性不高，有时甚至在开展衔接工作时极力引导当事人通过诉讼途径解决，使得大量的诉讼外纠纷解决资源得不到很好的利用。二是有些非诉调处机构的力量不足。非诉调处人员在法律知识、业务水平等方面参差不齐，调处纠纷的质量不高，甚至出现了“违法”调解现象。这类人员大多兼职从事纠纷调处工作，缺乏相应的制度约束，难以保证有足够的精力和时间参与非诉调处工作。同时，一些地方由于受经费制约，相关非诉调处工作场地、设备缺乏安全保障，使得非诉调处人员缺乏安全感。

（2）纠纷调处外部环境存在不足。一是当事人法律意识不强，诉讼期望值过高。社会大众有时会对诉讼行为缺乏理性，存在一定要到法院打官司、一定要将诉讼进行到底的不当认识，甚至存在恶意诉讼、缠讼的现象，且在诉讼过程中对相关部门的调处工作常持怀疑态度，存在误解和非议。二是当事人诚信不足，存在恶意调解、逃避债务的现象。个别案件当事人通过立假案、假调解的方式，以合法形式掩盖非法目的，虚构假债务、拖延诉讼时间、逃避真债务，影响诉讼调解与非诉调解工作的顺利开展。三是法律服务市场不规范，扰乱调解正常运行。个别代理律师受代理费利益驱动，怂恿当事人不参与非诉机构调处，或者不配合调解工作，甚至故意不提供当事人的联系方式，阻碍衔接工作、调解工作的正常进行。四是经费缺乏保障。法院和非诉调处机构开展衔接工作的经费保障不足。从人民法院的角度来看，财政划拨的款项仍与法院收取的诉讼费挂钩，影响了法院开展诉调对接工作的积极性。从非诉调处机构来看，开展衔接工作并非是其“本职工作”，而各级财政划拨中大都没有开展非诉调处工作的专门经费，这在一定程度上制约了非诉调处机构开展衔接工作的积极性。

四、诉调对接纠纷解决机制的完善

众所周知，诉讼程序处理的纠纷是有限的，如果诉讼与人民调解等非诉讼纠纷解决方式能够相互衔接，将会使更多的矛盾得到及时、有效的化解。[1]人民调解等非诉讼纠纷解决方式与诉讼程序衔接，一方面可减少法院的司法负担，使法官集中精力解决疑难复杂案件，提高裁判质量。另一方面，也符合纠纷当事人的利益。纠纷当事人在矛盾发生以前，双方之间往往有密切的关系，如果能以调解的方式化解矛盾，那么双方这种原有的密切关系还有可能延续，至少不会反目成仇；如果硬性裁判，有可能付出割舍双方原有密切联系的代价。同时，基于纠纷的类型及当事人的实际需求，当事人会考量其程序利益和实体利益，提高当事人对纷争进行自主规制的可能性，以便选择适当的纠纷解决方式。实现诉讼与人民调解等非诉讼纠纷解决方式的互动，实际上就是形成内外结合的调解强力，使当事人的资金、物资尽快被正常周转利用，使受牵扯的人力尽快得以解脱，从而能安心地从事生产。

（一）积极发挥法院在诉调对接工作中的主导作用

人民法院作为化解纠纷的最后一道防线，无论如何，都将永远是各种社会矛盾和法律纠纷的主要集散地。然而，面对当前的社会矛盾特点，单靠司法途径是不可能解决所有复杂的社会矛盾纠纷的。按照《最高人民法院关于建立健全诉讼与非诉讼相衔接的矛盾纠纷解决机制的若干意见》的要求，法院应充

---

〔1〕 孙振庆、赵贵龙："论诉讼与非诉解纷方式间和谐衔接机制的构建——从调解切入看和谐社会建设中的法院功能定位"，载《法律适用》2011 年第 5 期。

分利用自身优势，积极发挥主导作用，发挥法律专业化优势和司法调解技能优势，最大限度地将司法的原则性和灵活性结合起来，将审判的全过程进行前后延伸，着力于“诉讼外解决纠纷、调解解决纠纷”。

1. 加强诉前调解

人民法院在立案接待时，应注重对当事人进行诉前指导，告知诉讼风险，释明非诉讼纠纷解决方式的功能、特点和优势，积极引导当事人根据纠纷的性质自愿选择以非诉讼方式解决纠纷，尤其是婚姻家庭案件、相邻关系案件、简易人身财产损害赔偿案件、小标的合同案件、民间债务案件以及争议不大的其他案件，力求通过纠纷发生地的人民调解委员会、居民委员会、村民委员会、行政机关、工会组织、行业调解组织或其他具有调解职能的组织予以调解，把矛盾纠纷化解在诉讼外。

2. 依法确认人民调解协议效力

人民调解具有传承道德价值、协调法律与公序良俗的特殊作用，与司法调解同样承担着维护稳定、促进和谐的社会职能。经社会调解组织调解达成的具有民事合同性质的协议，当事人申请确认效力的，人民法院应当依法及时予以确认。一方当事人对调解协议反悔向法院起诉请求变更、撤销或宣告无效的，只要调解协议不具备法律规定的可撤销或无效的情形，人民法院一般不予支持。对当事人持已经生效的人民调解协议申请支付令，经审查符合《民事诉讼法》规定的，人民法院应依法予以支持。经确认的调解协议发生法律效力一方当事人拒绝履行，一方申请强制执行的，人民法院应当及时采取有效的执行措施，确保当事人的合法权益得到实现。

3. 积极开展诉讼调解

对于当事人经其他调解组织调解未达成协议起诉的，人民法院应当把调解工作贯穿于立案、审判、执行的各个环节，形成承办法官、庭领导、院领导注重调解、参与调解的格局。同时，充分利用社会资源，大力推行委托调解，或邀请人大代表、政协委员、人民陪审员、司法调解联络员、村组干部、当事人家属及当地有威望的人等参与庭审、调解活动，拓展协助调解，引导当事人通过人民调解的方式化解矛盾，促成当事人达成和解，把关爱、倾听、理解、体恤融入调解全过程，做到既坚持法律，又考虑到常识、常理、常情，以达到事半功倍、有效化解矛盾纠纷的目的。

4. 加强对非诉纠纷解决组织的支持和指导

人民法院要注重体现引导中的指导、支持中的监督。一是人民法院要积极配合当地司法行政部门，加强对人民调解员的法律知识培训，使其掌握必要的法律知识，提高依法调解的能力和水平；在审理对人民调解工作具有指导作用的案件时，应及时邀请人民调解员旁听，增强指导工作的针对性和有效性。二是建立审理涉及有关人民调解协议案件的通报制度。在审理涉及人民调解协议的民事案件时，调解协议被生效判决变更、撤销或者确认无效的，人民法院要主动与当地司法行政机关或者人民调解委员会进行沟通，分析原因，从而加强对人民调解员的指导。发现人民调解员违反自愿原则，强迫当事人达成调解协议的，应及时向当地司法行政机关或者人民调解委员会提出纠正建议，以利于人民调解委员会总结经验教训，从而提高依法调解的水平。

（二）加强纠纷的类型化调解研究，确定各类纠纷最适合的解决机制，有针对性地强化分流效果

诉讼与非诉讼作为纠纷解决的两种机制，并不存在先后或优劣之分，因为如果一种机制优于另一种机制的话，劣的机制

便没有了存在的价值，两种机制各有所长也各有所限。[1]S省P县法院诉调对接纠纷解决机制运行的实践表明：有的纠纷当事人愿意通过非诉机制解决，有的纠纷当事人则更愿意直接通过诉讼程序解决；有的纠纷非诉机制解决成效明显，有的纠纷非诉机制则难以解决。因此，法院要进一步加强纠纷类型化研究，从纠纷当事人、纠纷内容、纠纷是否具有持续性等不同的角度，确定不同的纠纷类型，再针对不同类型的纠纷，确定适用不同的解决机制，并采取不同的操作方法，进一步提高纠纷解决的成效，同时针对不同类型案件特点和调解规律，对不同类型的常见、多发案件进行类型化调解的研究，分析、总结调解技巧。

（三）创新工作机制和方法

一是构建调解多样化工作方法体系。法院应进一步拓展调解工作范围，将调解工作从处理民事案件向处理行政案件、刑事自诉案件、刑事附带民事诉讼案件等延伸，从案件处理过程向立案、执行、信访等环节延伸。二是大力推进巡回调解，强化调解效果，最大限度地提高调解结案率。此外，法院还要通过法庭职能转型中以案说法的有效运用，根据案情灵活开展委托调解、邀请协助调解、联合调解、行业调解和促成当事人自行和解；不断加强法庭区域内的调解力量建设，通过充实人民法庭审判力量，挑选民间纠纷调解员，加大对辖区求诉群众的接待、指导。三是各法庭针对本区域的实际情况和案件反映出的矛盾纠纷集中点，探索各具特色的诉调对接方式方法。如法院针对辖内传统婚姻家庭类案件较多的特点，联合县妇联共同开展婚姻家庭纠纷“全程调解”；针对辖区妇女儿童权益纠纷较多的特点，设立专门的“维护妇女权益巡回法庭”和“未成年

〔1〕陈浩：“诉讼与非诉讼衔接机制研究”，载《辽宁师范大学学报（社会科学版）》2012年第6期。

人巡回法庭”；针对区域位置较为偏远的村舍，采取“全方位调解”（即调解室调解、庭上调解和上门调解相结合的全方位调解措施）。

（四）完善立法，实现诉调对接规范化

尽快完善相关立法，建立司法、行政和民间性纠纷解决机构之间的有序衔接和互动机制。将诉调对接纠纷解决实践活动纳入统一调整框架，促进诉调对接机制的规范化与制度化。现行的三大诉调对接路径虽然基本实现了初步的规范化和体系化，但仍然存在着制度定位不明晰、功能承载相冲突、作用场域相混同、实施细则不完善等问题。[1]在诉调对接纠纷解决机制的构建上，总体上还处于起步阶段，各种纠纷解决方式之间的协调性不强，当事人选择非诉讼纠纷解决方式的积极性不高，诉讼调解也有待进一步加强和规范。关于诉调对接纠纷解决机制具体的操作程序并无相关规定，这导致诉调对接纠纷解决机制在运行过程中不规范、不统一。在现实需求的呼吁下，立法机关应出台诉调对接纠纷解决机制相关问题的统一规范性文件。笔者认为，为了加强该规范性文件的可操作性，文件应该规范诉调对接纠纷解决机制的整个运作流程，明确诉调对接纠纷解决机制的对接范围及各对接方的权利与义务，明确诉调对接纠纷解决机制的运行效力等。[2]同时，文件还需明确规定某些适合调解的案件必须经过诉前调解程序后才能到法院起诉，对委托调解、司法确认也应有详细规定，完善诉调对接纠纷解决机制的救济制度。经人民法院司法确认的调解协议，若当事人或

---

〔1〕 潘剑锋：“民诉法修订背景下对‘诉调对接’机制的思考”，载《当代法学》2013 年第 3 期。

〔2〕 史德保主编：《纠纷解决多元调解的方法与策略》，中国法制出版社 2008 年版，第 168 页。

案外人提出调解协议违反自愿原则、内容违反法律规定或者损害了国家、集体、第三人的利益的，可以参照《民事诉讼法》关于法院调解书的救济途径来完善相关制度规定。[1]只有完善立法，为诉调对接纠纷解决机制提供明确的法律依据，才能保障其纠纷解决的高效性。

（五）保障当事人的程序选择权

构建多元化纠纷解决机制，尊重当事人的程序选择权。[2]对于诸如医患纠纷、道路交通事故纠纷、知识产权纠纷等专业性比较强的调解的发展以及法院诉前调解的发展等，司法机关应适应不同类型案件当事人的需求，建立多种纠纷解决方式，赋予当事人程序选择权，从法律上保护当事人对程序或实体上权益的处分。这不仅是妥善解决纠纷、节约社会资源的需要，同时也意味着国家对公民基本权利的尊重以及相关制度保障机制的完善。在诉调对接的实践中，只有切实保障当事人的程序选择权，特别是当事人选择纠纷解决方式的权利，才能防止调解过程中当事人合意的不纯粹，避免以判压调、违反当事人真实意思强行调解，或在调解程序中无原则地放松程序规制，导致强势一方在程序中非法获利的不良现象。笔者认为，在诉调对接实践中保障程序选择权的具体设计可以有如下几种：通过司法确认赋予法院外调解协议以终局性，则调解程序不能强制性地前置于诉讼程序，必须使当事人可以选择以诉讼方式解决争议。

---

〔1〕 钟三宇、陈晓霞："我国诉调对接纠纷解决机制的制度构建"，载《重庆理工大学学报（社会科学）》2013 年第 2 期。

〔2〕 陈桂明：《程序理念与程序规则》，中国法制出版社 1999 年版，第 15 页。

/ 第四章 / CHAPTER4

人民法庭职能定位

人民法庭的职能是人民法庭应有的作用或功能，指按照法律规定，人民法庭在工作中具有相应的职权并需承担相应的责任。人民法庭对外仍然突出法庭的审判职能这一基本职能，对内则是由其开展的各项以实现审判职能为目的的职能体系。人民法院以审判工作为中心，积极参与社会治理创新，为经济社会发展提供强有力的司法保障和司法服务。人民法庭职能的转型或创新的核心是为能动司法延伸服务职能。人民法庭的职能由国家根据社会发展和政治需要进行设计，本质上由其自身具备的特点和所处环境决定，也深受历史传统的影响。随着社会的变迁，人民法庭的功能也需要根据时势的变化进行再定位和调整。尤其是在新时代全面依法治国和司法体制改革的背景下，我们迫切需要重塑人民法庭的职能并探寻其实现路径，以更适应人民的司法需求和政治现实需要。以人民法庭职能为视角，从人民法庭面临的问题着手，在对人民法庭设置的现状和职能定位的迷失进行研究的基础上，探索快速处理案件、多元化解纠纷、合理能动司法、升级司法服务的路径，在传承现有人民法庭职能的基础上，构建新的人民法庭职能体系。

一、文献综述

人民法庭受学者关注的程度并不高。现有的研究多是关于人民法庭的对策性文章，其关注点主要集中在人民法庭的设置及其存废等具体问题上。纵观我国人民法庭制度的相关文献：2005 年，徐智慧撰写的题为《我国人民法庭制度研究——从实证的角度》的硕士学位论文，以人民法庭制度建设为调查对象，对人民法庭制度建设从历史考察、存在的必要性与正当性基础、现状透视、存在问题的原因分析，以及人民法庭制度的改革与完善等方面作了比较系统、全面的论述。谭世贵在《中国司法改革研究》（法律出版社 2000 年版）、邵俊武在《人民法庭存废之争》（载《现代法学》2001 年第 5 期）中认为，人民法庭工作存在着简易程序滥用、审判方式改革措施得不到落实、法官队伍业务水平有待提高、法庭建设造成了财力和物力的浪费、受自身条件制约容易滋生司法腐败等诸多问题，主张人民法庭应被取消。章武生在《基层法院改革若干问题研究》（载《法商研究》2002 年第 6 期）中提出，每乡设一个法庭，用调解仲裁等替代性纠纷方式处理纠纷，从而便利人们对简单纠纷的解决，与人民调解组织形成某种互补。其主要观点是将人民法庭的主要职能由审判转变为调解仲裁。然而，与此恰恰相反的是，最高人民法院近年来对人民法庭各项建设的全面加强，证明新时期我国人民法庭制度正焕发出新的生机和活力。高其才、周伟平、姜振业在《乡土司法：社会变迁中的杨村人民法庭实证分析》（法律出版社 2009 年版）一书中，以参与式观察获得的材料为基础，以内在视角从法庭概况、法庭法官、法庭运作三方面对人民法庭进行了详细的实证分析，涉及人民法庭的内部结构、外部关系、自身运行、整体特点，探讨了社会变迁对基层司法的影响以及人民法庭、司法本身在社会变迁中的功用。但该书主要还是为了探求“乡土司法”的内涵和特点，对我国人民法庭制度的研究仍显不足。顾培东在《人民法庭地位与功能的重构》（载《法学研究》2014 年第 1 期）中提出，在新的历史条件下，我们应当重新审视人民法庭的地位与功能。人民法庭改革有助于恰当地实现基层人民法院在地方社会治理中的职能。李鑫、马静华在《中国司法改革的微观考察——以人民法庭为中心》（载《华侨大学学报（哲学社会科学版）》2016 年第 3 期）一文中指出，人民法庭不仅是一个颇具我国特色的司法装置，同时更是一个顺应时代需要的司法创造，它不仅仅是制度型塑的产物，还是司法回应社会公众需求的积极创新，更是司法与基层社会治理实现良性互动的媒介，是实现司法权威、行政权威与民间权威协调、融合的最佳场域，是基层司法自发变革的缩影。人民法庭可以成为新一轮司法改革政策与具体实践的结合点。在过往的研究当中，一些研究指出，人民法庭的存在与运行始终遵循着一套政法逻辑。自 2009 年以来，最高人民法院明确要求："人民法庭应当积极主动开展法律服务，创新法律服务形式和途径，变被动为主动，大力提高法律服务质量和水平，把人民法庭建设成为联系广大农民群众、满足农民群众司法服务需求的重要阵地和平台。"对此，学界也存在争议。如有的研究认为，这就是人民法庭的固有角色与功能，但为什么应当如此，是否可以改变，改变了能不能解决问题……很多问题还没有得到充分说明。带着这些思考，笔者试图对人民法庭在基层社会的角色与功能这一问题进行新的理解与阐释。

总之，我国人民法庭制度从创立到现在，对其持批判态度并主张撤销的学术理论一直存在，但真正对人民法庭（特别是就近年来人民法庭）的发展现状从实证的角度做系统、全面研究的文献还是比较匮乏的。

二、人民法庭职能研究的学术价值和应用价值

（一）应用价值

人民法庭制度是中国特色司法制度的重要内容。在新时代背景下，如何进一步发展和完善人民法庭制度，充分发挥人民法庭在解决社会矛盾纠纷、推动基层社会依法治理方面的职能，是目前人民法院司法改革面临的重要课题。

第一，党的十九大报告提出："中国特色社会主义进入新时代，我国社会主要矛盾已经转化为人民日益增长的美好生活需要和不平衡不充分的发展之间的矛盾。……人民美好生活需要日益广泛，不仅对物质文化生活提出了更高要求，而且在民主、法治、公平、正义、安全、环境等方面的要求日益增长。"新时代的人民法庭应成为预防和化解社会矛盾纠纷的阵地和平台，是彰显法治和司法存在的基石，是依法治国的重要基层依托，是改造基层特别是广大农村司法和法治环境的主要力量。新时代，人民群众的司法需求越来越多，司法需求的多样性与人民法庭职能定位不适及发挥不充分之间产生了显性矛盾。基于此，我们应重新界定人民法庭职能，充分发挥其在案件审理执行、指导调处矛盾纠纷、开展法制宣传教育、参与辖区社会治理体系和治理能力的现代化建设等方面的作用。人民法庭作用的发挥能够在很大程度上满足基层社会解决传统生活中所产生的多种社会纠纷的需要，使司法审判能够更好地与当代中国基层社会的生态相适应。人民法庭职能创新，既是贯彻落实司法工作群众路线的客观要求，也是基层法院全面提升整体工作，充分践行司法为民的一项重大改革举措。

第二，以坚持全面依法治国的战略高度为视点，合理定位人民法庭的职能。人民法庭作为基层人民法院的组成部分，其

基本职能是依法从事案件审判和执行活动。今后人民法庭制度改革的一项重要任务，就是通过立法形式对人民法庭的职能作出明确规定，使人民法庭职能回归到依法公正审理和执行案件，解决社会矛盾和纠纷。正确区分并合理界定人民法庭职能有利于充分发挥人民法庭化解和调处基层社会矛盾纠纷的作用。更重要的是，从长远来看，其有助于全面推进依法治国。

第三，党的十八届四中全会提出全面推进依法治国，对完善司法管理体制和司法权力运行机制、健全依法维权和化解纠纷、实现多层次多领域依法治理提出了新要求。党的十九大报告明确提出，必须坚持和完善中国特色社会主义制度，不断推进国家治理体系和治理能力现代化，打造共建、共治、共享的社会治理格局。基层司法作为基层治理的重要环节，在当前国家治理体系中的路径更加清晰，地位和作用日渐凸显。人民法庭是人民法院的最基层单位，可谓是基层法院中的基层法院，根植于基层且身处于矛盾纠纷化解的前沿战线，是基层治理不可或缺的重要组成部分，其改革成败具有至关重要的价值。人民法庭是国家运用法律手段管理社会的重要渠道，在社会治理中发挥着不可替代的作用。人民法庭本身就是社会治理的重要组成部分，并对社会治理具有能动作用。人民法庭所确立的司法权威对基层社会治理创新具有其他机关所不可替代的公信作用。人民法庭是基层社会治理创新工作的参与者、推动者、保障者，发挥着化解社会矛盾、规范和指引社会行为等作用。在全面推进依法治国进程中，人民法庭应充分发挥司法职能，规范司法程序，加强释法明理、强化审判公开，提升司法权威、延伸审判职能，创新司法服务、多部门联动建立诉调联合机制，从而有效地推进基层治理创新工作。人民法庭作为我国司法体系中的重要一员，其在社会管理体系中发挥着重要作用。人民法庭已成为社会管理体系中不可或缺的一环。人民法庭应在立足审判职能本职工作的基础上，积极参与基层社会治理体系和治理能力现代化建设，充分发挥其在依法治理、综合治理和源头治理中的纽带作用和多元纠纷解决机制中的示范保障作用。

第四，党的十九大报告明确提出坚持全面依法治国，深化司法体制综合配套改革。在当前司法体制改革的环境之下，人民法庭是司法体制改革“关键的关键”，其改革重点在法庭的职能定位方面。在职能定位方面，人民法庭应在诉讼事务（审判）与非诉讼事务兼具的同时，更加注重通过非诉讼手段化解社会矛盾。因此，人民法庭在对职能进行创新时，应从修正价值理念、裁判方法多样化、完善工作机制、推进司法便民、树立法治理念等方面着手，防范人民法庭职能定位偏向以审判为重心努力使人民法庭成为司法体制改革的“试验田”。人民法庭职能定位的成功不仅是司法体制改革不断前行的推手，也是法治社会得以实现的前提。人民法庭职能定位问题无论在理论界还是在实务界都具有一定的研究意义，因为人民法庭作为司法体制改革的“试验田”，关系到司法体制改革的成败，司法体制改革最终需要得到的是人民群众的认可和支持。司法体制改革应尽最大努力让人民群众在司法体制改革中受益，这样不仅可使人民群众在权利受到侵犯时愿意通过司法途径解决利益诉求，还可使司法与民众形成良性互动，达到情、理、法的统一。

（二）应用价值

第一，通过对现有的人民法庭职能进行调查，研究人民法庭职能，将有助于强化新时代背景下人民法庭职能的科学定位，明确人民法庭在应对复杂多变的社会形势下的职能建设，充分发挥人民法庭在多元化矛盾纠纷化解体制中的纽带作用。人民法庭不只要做好审理案件、重视对人民调解的指导工作，还要重视诉前调解、邀请调解、委托调解、司法确认。人民法庭是诉调衔接工作的第一战场，对推动多元化纠纷机制的构建具有重大影响。

第二，人民法庭作为人民法院的派出机构根植于基层，可以最为直接地体现司法为民和公平正义。人民法庭处在维护社会稳定的第一线，是广大基层群众获知法院形象和司法公正最直接的平台。在新时代背景下，结合人民法庭的司法实践，我国应对人民法庭职能进行相应的变革。人民法庭的定位和职能应当是基层司法的主要体现，应当成为司法在人民群众中的触角，成为实现司法为民最直接的窗口。

第三，人民法庭应充分利用既有的司法改革成果，回应转型期的社会需求，在保持规范化运作的同时，切实、公正、高效、廉洁地做好本职审判工作，利用自身优势，通过准确定位、合理布局、集约优化职能配置，转变司法理念、转变司法方式、转变司法政务和服务，主动作为、联动创新，切实发挥人民法庭的案件快速处理、纠纷联动化解、宣传随案说法、服务全域覆盖的职能，让人民法庭根植于基层、服务于基层。

第四，人民法庭职能创新是司法为民、回应社会司法需求的现实需要，更是巩固基层政权、服务人民群众、加强基层建设的基本途径，有利于实现审判职能的延伸。人民法庭作为基层司法服务的窗口，国家治理和社会治理是其本质属性和分内职责。人民法庭不能就案判案，而应集审判权力行使和社会管理服务于一身。在司法的链条上，人民法庭作为基层法院的派出机构，就像遍布人体全身的神经末梢，广布城乡，根植基层，距离人民群众最近，处在解决矛盾纠纷的最前沿，是维护社会公平正义的最后一道防线，是人民法院的最基层单位，被誉为是“基层的基层”“关键的关键”，在基层社会治理中承担的责任重大，任务艰巨。

因此，研究新时代人民法庭职能，对于进一步认知基层司法的复杂性、多元性和独特性具有“窥管见豹”的样本意义，对于精准开展司法改革具有现实意义。

三、人民法庭职能定位的困境

从宪法、法律的规定来看，我国人民法庭的职能和作用是十分清晰的。其基本职能是依法从事案件审判和执行活动。然而，我们并不能由此推断出人民法庭职能仅限于此。指导调解、法制宣传、提出司法建议等都应在人民法庭工作范围内。但依然存在人民法庭被辖区基层政府当成职能部门，从而导致职能变形与异化的现象。因此，人民法庭的职能界定是否全面、准确，界限是否清晰、明了，作用是否及时、有效等问题，都需要从细处着眼，由实践评价。基于此，我们才能观察、揣摩、分析人民法庭职能运作的良性轨道。

（一）审判职能设置与机关庭审判职能同一化，法庭乡土司法特性被削弱

经过大规模撤并后留存的法庭，其职能配置、管辖案件类型和案件难易程度与机关庭无异，仅以地域作为划分依据明显有失偏颇。人民法庭作为基层法院的派出机构，处在法院工作的最前沿，具有与基层联系最密切、与人民群众接触最直接的显著优势。其与机关庭同质化的特性导致自身优势难以突出。人民群众难以从法庭中感受到便捷、亲民的司法服务。

（二）审判职能定位未体现民事审判庭与人民法庭层级，致使指导缺失

按照最高人民法院机关内设机构及新设事业单位职能（法发［2000］30号）的规定，民事审判庭指导人民法庭的相关工

作。最高人民法院于1993年发布的《马原副院长在全国民事审判工作座谈会上的讲话》（法发［1993］37号）中也再次重申和强调了基层法院民事审判庭和中级以上人民法院民事审判庭要重视对人民法庭的指导工作。然而，事实上，虽然最高人民法院提出了要求，但各级法院民事审判庭没有出台指导人民法庭工作的规范性文件。

究其根源，民事审判庭和人民法庭的职能定位和区分存在问题：一是人民法庭除承担民事案件审判外，还可以审判、执行一定的刑事案件。而民事审判庭仅仅负责民事案件审理，导致被指导一方的义务范围实际上超出了指导一方，民事审判庭指导难以落到实处。二是人民法庭除承担审判外，还承担其他职责，这些职责范围同样也超出了民事审判庭的工作范围，同样会造成民事审判庭指导困难。三是民事审判庭和人民法庭在审理民事案件上没有实质区分，难简案都审理，并且，民事审判庭和人民法庭的法官存在双向流动，在处理疑难复杂案件的能力方面，民事审判庭较人民法庭并无显著的优势，民事审判庭对人民法庭的指导难以使人民法庭信服。四是指导工作一般是上下级之间，在基层法院，民事审判庭与人民法庭处于同一位阶，这使得基层法院民事审判庭对人民法庭的指导有违传统。五是由于下级法院人民法庭情况千差万别，基层法院民事审判庭指导缺位，致使上级法院民事审判庭虽与人民法庭有职级上的差距，但由于缺乏有效的信息沟通机制和平台，导致上级法院民事审判庭的指导也是只负有职责，无法发挥指导职能。

（三）职能定位与法庭“两便”原则关系处理不当

“两便”原则是我国设立和配置人民法庭职能的出发点，更是指导人民法庭职能发挥的立足点。一方面，对“两便”原则本身之间的关系，在司法实践中存在只重一面的现象，往往强调一面而忽视另一面。在改革开放之前，人民法庭发展迅猛，确实方便了当事人诉讼，但其中存在诸多司法不规范的现象。改革开放后，案多人少矛盾凸显，人民法庭不规范导致的弊端逐步显现。通过大规模撤并和规范化建设，人民法庭的职能运作呈现出规则之治的趋势，强调诉讼程序的规范，遵循举证规则。但随之而来的现代司法规则在乡村社会的弊端开始显现。对此，有学者指出："人民法庭审判工作已开始出现一种与农村的实际、农民的实际相脱离的倾向，对诉讼中的各种形式要件强调到了不适当的地步。巡回就地办案正在逐渐为坐堂问案所取代，方便群众、方便诉讼的'两便'原则正在逐渐被淡忘，人民司法的光荣传统面临着被丢弃的危险。"〔1〕可见，又出现了向方便当事人诉讼一端回归的现象。就人民法庭而言，便于当事人诉讼是基础、是根本，便于人民法院审判则应建立在方便当事人诉讼基础之上。因此，我们要正确处理两者的关系，不能只强调一方面而忽视另外一方面。同时，要不断丰富"两便"原则的内涵，尊重审判规律，提高审判效率，方便人民群众诉讼。此外，从职能定位角度来看，现行职能定位模式并没有从"两便"原则出发进行职能配置，基本上是沿用基层法院的职能。

（四）职能过分求全缺乏针对性和适用性

一方面，人民法庭审案范围大而全，导致人民法庭审理案件疲于应对。人民法庭审判职能涵盖基层人民法院在其管辖的一审民商事、刑事自诉和执行案件范围内，忽视了辖区的纠纷特点、人员配备、审判水平状况对人民法庭管辖案件的影响，过分求全，导致许多案件的管辖范围从审理简易民商事案件、

〔1〕 杨平忠、欧阳顺乐："新时期加强人民法庭建设的基本思路"，载《人民司法》2000 年第 10 期。

轻微刑事自诉案件扩展为无论繁简难易的民商事案件、刑事自诉案件，只要是发生在人民法庭所辖区域内，都由其审理或执行，直接导致人民法庭难以应付与日俱增的乡村社会矛盾，裁判案件的质量无法得到根本保证。另一方面，除审判职能外的其他职能发挥因精力有限，无法正常履行。指导人民调解委员会的工作也仅仅停留在确认人民调解协议效力或为完成相关工作任务而临时开展，三种方式参与社会治安综合治理，往往也是为了完成工作任务被迫参与或者为了与当地党政搞好关系不当参与。比如，以法制宣传的方式参与社会治安综合治理，人民法庭采取的普遍方式就是摆摊设点方式进行，出现与司法所法制宣传混同的趋势。人民法庭的职能定位应紧紧围绕执法办案、“两便”原则进行，不求其全，但求其用。

四、人民法庭职能定位的实现路径

新的历史条件下，我们应当重视和发挥人民法庭这一“基层法院中的基层法院”的功能与作用，从而更好地适应基层社会对审判工作的实际需求，加强司法审判与基层社会的融合与互动，并为中国特色司法审判制度的形成与完善提供局部性经验。人民法庭具有政治与司法的双重功能，它直接面向基层，面向广阔农村和城市社区，在整个基层工作中发挥着依法治理职能。

（一）围绕“新两便”重新定位法庭职能

传统“两便”原则即“便于人民群众诉讼，便于人民法院审判”。便于人民群众诉讼具体表现在：司法组织便民，即民事审判机关和审判组织的设置尽量接近人民，如基层人民法院设置人民法庭；司法活动便民，即民事司法活动的方式方法便利人民群众进行诉讼活动，如就地审判、巡回审判等；司法程序便民，即各种民事诉讼程序规则，要通俗易懂、言简意赅，手续简便。〔1〕便于人民法院审判体现在：便于法院独立行使审判权；便捷的诉讼程序；相对宽泛的法官职权，赋予人民法院对程序的控制权，防止诉讼迟延、恶意诉讼、虚假诉讼等；发展替代性纠纷解决方式，切实减轻法院审判压力；追求实质正义。〔2〕

2005年《最高人民法院关于全面加强人民法庭工作的决定》提出了坚持“便于当事人诉讼，便于人民法院依法独立、公正和高效行使审判权”的“新两便”原则。“新两便”原则蕴含了诉讼效率理念、多元纠纷化解理念（协同主义）和司法主体性理念。按照“新两便”原则的要求，人民法庭职能定位在于便于人民群众诉讼，便于人民法院依法独立、公正和高效地行使审判权，即以便捷的方式方便人民群众参诉办事，大力提高审判效率，就地、就近、快速维护人民群众合法权利；转变司法方式，采取有助于维护当事人在司法程序中的主体地位、降低司法的强制性的方式增强司法的民主性，采取尊重乡土社会实际、遵循司法审判规律在乡村采取柔性司法的方式增强司法的可接近性，增加民众对司法的信任感，提升司法公信力；合理运用多元化纠纷解决机制，拓宽人民群众纠纷解决渠道，降低纠纷解决成本；认真履行《人民法院组织法》赋予的法制宣传职责，坚持随案说法的方式开展法制宣传。

反反复复的历史事实告诉我们，人类改革史上的伟大脚印，大多是在泥泞的道路跌倒后留下的。正因为有对创新前人民法庭职能“三省吾身”的反思、对提升指标成绩的渴望、对共同

---

〔1〕 熊先觉：《司法制度与司法改革》，中国法制出版社2003年版，第277页。

〔2〕 参见李玉平：“论两便原则在民事司法改革中的新思考”，苏州大学2006年硕士学位论文；刘晓湧：“乡村人民法庭研究”，武汉大学2011年博士学位论文。

化解纠纷环境的渴求、对公正廉洁为民宗旨的坚守等，S 省 P 县法院人民法庭在人员合理化配置的基础上，从案件快速处理、纠纷联动化解等实际工作内容出发，建立起了规范化的职能定位体系。

（二）探索新时代人民法庭职能运行的新模式

准确地把握新时代历史定位，探索人民法庭职能定位的理论创新，着力构建一套更加符合新时代要求的人民法庭功能构架以及运行机制。在公正司法和参与基层治理的基础上，可以结合实际需要与客观情况，使新模式朝三个方向发展：一是基层司法多元化纠纷解决中心方向。即为适应新时代社会矛盾的复杂形态与环境，主动改变人民法庭过去单纯依赖执法办案的矛盾化解方式，形成“以执法办案为主轴，以多元化矛盾纠纷解决机制为配套，符合当地客观情况与特点”的纠纷化解机制，使人民法庭具备多元化解基层矛盾纠纷的综合能力，能够从最基层、从人民群众身边去化解社会矛盾，营造一个法治、公平、稳定的社会环境。二是基层司法为民综合服务中心方向。即为满足新时代人民群众对于优质、便捷、高效法律服务的需要，主动改变人民法庭过去主要依靠审判的单一服务结构，形成“以提供案件审判服务为中心，提供优质、便捷、高效的司法配套服务为特点，贴近当地群众需求与期望”的综合服务结构，能够把最好的综合化司法服务直接送到人民群众的身边，把司法为民的最后一公里建设成为一条“畅通无阻、环境优美的高速公路”。三是基层司法制度创新试验中心方向。方向引领未来，新时代人民法庭的路径选择必须符合新时代的发展方向。

（三）实现路径

新时代背景下，找到人民法庭的职能定位，并分析其运作方式的影响因素以及职能发挥的障碍因素，找到司法改革的突破口和侧重点，探索新时代人民法庭职能运行的新模式，为研究司法改革问题提供一个新的视角。

第一，以批判继承传统派出法庭职能模式为基本前提。传统派出法庭职能模式是新中国司法制度长期发展积淀的产物，对基层司法具有合理内核。但当前人民法庭也存在职能相互交叉、职能内容难以满足社会司法需求、职能配置不能适应社会治理创新要求以及机关庭与派出法庭职能同质化等问题。

第二，以审判运行机制改革的最新成果为指导思想。法庭职能创新是“两权”管理的自然延伸和发展。司法改革应打造独具特色的审判运行微观机制。

第三，以人民法院与人民法庭层级职能划分为有效抓手。重新定位和设计人民法院与人民法庭之间的层级关系，注重厘清机关庭与人民法庭之间的职责关系，以合理的职责配置和有效的审判资源进行整合，充分发挥机关庭的审判指导功能和派出法庭的纠纷快速处理功能。为解决城关区域人民群众的速裁需求，凸显人民法庭贴近群众的地缘优势、贴近基层的组织优势和贴近矛盾的前端优势，法院应科学布局人民法庭，构建全域覆盖的职能基础。人民法庭的布局合理，其职能的发挥就会更加便利，“两便”原则和人民法庭的全覆盖也能得到最充分的体现。首先，拉开人民法庭与人民法院的职责层级，使人民法庭成为就近解决矛盾纠纷的基础性审判单元，缩短办案周期，实现案件速裁；其次，加强对纠纷调处组织的指导，发挥司法指引作用，以诉调对接试点，促进相关组织和个人增强调解能力；再次，拉开人民法庭与民事审判庭的职能层级，明确简案下放，要求人民法庭利用贴近基层的地理优势，及时化解矛盾，维护社会稳定，民事审判庭在对难案进行精审、精判的同时，要加强对人民法庭审判业务的指导。

第四，以创新法院参与社会治理方式为重要途径。在法庭布局上打破行政区域的限制，创造性地构建基层司法区域，最大限度地消减对基层司法的不当干预。精心搭建并充分利用诉调对接中心，依托大调解平台协调行政调解、人民调解和社会调解等各种纠纷化解机制，有效促成纠纷在诉前合理分流，以平和的方式得到解决。

第五，以满足基层群众的司法需求为价值追求。人民法庭应秉持能动司法的理念，在遵循基层司法基本规律的基础上，“主动回应基层社会发展的需求。延伸司法审判职能，走出法庭，通过司法建议、参与社会综合治理等形式服务于地方、服务于民众”。〔1〕如满足民众对法制宣传的需求，充分认识到审判与开展法制宣传、法制培训的内在良好互动联系；紧抓纠纷联动化解，注重从源头治理并预防；满足乡村社会的司法需求，不仅仅要当定分止争的裁判员，更要当辨法析理的宣传员、社情民意的调查员。在法庭的布局方面，应充分考虑方便当事人诉讼；在诉讼服务中，人民法庭应以基本没有诉讼知识的一般民众的需求为标准来设计和完善诉讼服务；在案件审理中，人民法庭通过大量巡回审判到纠纷发生地或当事人住所地开庭，增进群众对司法的了解。人民法庭应按群众需求而决定配送内容，发挥司法的教育、评价、指引、示范作用，使人民法庭成为司法服务的配送站；人民法庭自身的长远角色定位：以司法的国家强制力为支撑，以高效、便捷地化解纠纷为基本点，以有效融入乡村治理秩序为关键，真正形成司法与非司法相互衔接、共同治理乡村社会的新格局。

---

〔1〕 戴洪峰：“我国人民法庭司法运作方式存在的问题与完善”，苏州大学2010年硕士学位论文。

/ 第五章 / CHAPTER5

民事诉讼期间制度

——一种基于一审民事审限实证的分析

期间制度是诉讼法律制度体系的重要组成部分。从某种意义上来讲，民事诉讼正是通过期间制度，使各种诉讼行为有机地、内在地衔接起来，构成了统一的、具有内在协调性和紧凑性的程序。我国通过《民事诉讼法》及相关司法解释构建了相对完备的期间制度。然而，基于种种原因，我国的期间制度在司法实践中的适用效果尚不理想，我国学界也长期将其仅仅看作是民事诉讼中的一项纯技术性制度，对期间制度的功能及其重要性认识不足，鲜有学者对此问题进行专门研究。

随着我国经济的进一步发展，依法治国进程的加快，在以公正和效率为主题的司法改革背景下，我们很有必要冷静下来，对我国现有民事诉讼期间制度进行深刻的反思，分析其运行现状，借鉴和学习外国民事诉讼期间制度的经验，以求“与时俱进”地完善我国的民事诉讼期间制度，针对我国现有期间制度的主要缺陷提出改革我国诉讼期间规定的设想。

现有民事案件审理期限制度（以下简称“民事审限制度”）的绝大部分内容均体现在《最高人民法院关于适用〈中华人民共和国民事诉讼法〉若干问题的意见》和《最高人民法院关于严格执行案件审理期限制度的若干规定》这两个司法解释中。我国现有民事审限制度的基本框架在形式结构方面是比较完备的，目前，在内容设计方面存在不少的问题。但我国民事诉讼法学对民事审限制度的研究尚略显薄弱，缺乏专门性和系统性的研究。原因大概是其他国家的民事诉讼法大都没有规定民事审限制度，且我国的民事审限制度在运行过程中又确有一些消极和负面的因素，因此，有些学者更倾向于取消而不是致力于完善民事审限制度。笔者认为，其他国家的民事诉讼法没有规定民事审限制度，不应当成为我们拒绝研究民事审限制度的理由。至于立法及实务中存在的种种问题，恰恰是我们需要认真思考和深入研究并且从制度上予以完善的。

笔者试图以价值分析和实证分析两种方法对民事审限制度进行尽可能多方位的研究，但由于主观努力和客观条件两个维度的限制，这一研究必定存在缺陷。尤其不应回避的是，由于民事审限制度的良好设计和运行需要立案制度、鉴定制度、送达制度、公告制度、中止审理制度、延期审理制度等制度的支持与配套，现有民事审限制度存在的问题很难在其自身的框架内完全得到解决。

一、文献综述

民事诉讼期间制度是学者们较少讨论的一个问题，从立法者的角度来看，也不是一个改革的重点。原因可能有这样几个方面：一是规定期间的条文在《民事诉讼法》当中的“地位”不高，并未牵涉到诉讼的结构、模式等诉讼理论中的核心问题，也没有牵涉到具体的民事诉讼法律关系；二是期间的规定往往是一种法律政策的需要，它虽然与国家的国情、法治状况、法律传统等多方面有关，但这一联系不是那么紧密，也没有必然的逻辑关系，立法者对期间长短的规定主要基于合理性的考虑；三是民事诉讼期间制度并没有很深的理论内涵。但笔者认为，民事诉讼期间制度本身虽没有深刻的理论内涵，但在实践当中仍具有不可估量的现实意义。《民事诉讼法》对期间的科学规范和司法实践对法定期间的严格遵守，体现了对司法效率价值的追求。

笔者在研习民事诉讼时发现，国内学者似乎尚未将民事诉讼期间作为一个制度体系进行系统研究。一个制度体系中的各子制度用哲学语言来说必然有其共性和个性，如果能从各个具体的民事诉讼期间制度的运行实践中挖掘出它们的共性，反过来在宏观上协调它们之间的相互关系，理顺它们与周边相关制度的衔接，对民事诉讼制度的健康运行应该是有所裨益的。而在进行前期准备过程中，笔者发现，所能参考的资料匮乏，对民事诉讼期间制度体系确立的法理把握很有难度，加之文化传统、诉讼模式的差异，有些具体的民事诉讼期间制度外国并没有加以明确规定，如民事审限制度。在前辈和学者的研究成果的基础上，笔者欲着重分析有代表性的期间制度的立法和运行实践，试图引入“以人为本”的指导思想，提出一些改革和完善我国民事诉讼期间制度的理论设想。

民事审限制度至少应该包括民事审限的长短、计算、延长的理由与程序、排除、违反民事审限制度的惩戒等要素。研读英国、美国、法国、德国和日本等国家的民事诉讼法，我们很难找到关于民事审限制度的严格规定，一般采取将民事审限的确定权赋予法院享有和行使的做法。如《美国联邦民事诉讼规则证据规则》规定，法院可以命令迅速审理宣告判决的诉讼，并且可以在案件日程表上提前安排。[1]各国在民事审限制度方面对法官自由裁量权的赋予与行使持近乎一致的宽松态度，可

〔1〕 白绿铉、卞建林译：《美国联邦民事诉讼规则证据规则》，中国法制出版社 2000 年版，第 97 页。

以说，这是一种通例性做法。尽管通例在很大程度上代表一种多数的选择和普遍的趋势，但采取通例只是一种或然的、可能的选择，而不是一种必然的、唯一的选择。另外，法治发达国家的通例性做法最大可能是基于如下考虑：司法权的运行具有消极被动性，法官作为裁判主体在诉讼中居消极中立地位，为了追求裁判工作的效率，法官总是对时间的经过或耗费持不积极立场，作为裁判者的法官对控制诉讼周期具有主观自觉性和积极性，因此，法官可以被信任和值得信任。从人性论〔1〕角度审视，显然，这是一种基于“人性善”的预设，有利于培养或增强社会公众对法官的信任，然而，这种预设的前提是法官值得信任和对司法公正的追求可以获得确定的预期和基本合理的满足。法治成为近代以来大多数国家普遍选择的社会治理方式的事实表明人们在“人性善恶”问题上比较普遍地选择了“人性恶”立场，也就是对代表国家行使公共权力的主体持一种普遍的怀疑和防范态度，对法官也不例外。因为法治的前提之一就是“人性恶”的理论预设。各国在民事审限制度方面对法官自由裁量权的赋予与行使持近乎一致的宽松态度，是一种基于“人性善”的预设，这种预设可以解决司法信任或法律信仰的终极性问题，立足的是法官综合素质普遍较高的乐观现实。尤其是在法国、德国、奥地利、日本陆续对其本国的民事诉讼法进行了修改后，世界各国在短期内很难突破现有的框架，实现富有影响力的创新。于是，“人无我有”型的民事审限制度无疑是

---

〔1〕 古今中外的思想者对“人性善恶”问题都给以极大关注，如孟子主张“性善论”，荀子主张“性恶论”，塞缪尔·普芬道夫（Samuel Pufendorf）和托马斯·霍布斯（Thomas Hobbles）认为“人是受自爱和自私之本性强烈驱使的，而且在人的本性中还有一定的恶意的攻击性”等。关于塞缪尔·普芬道夫和托马斯·霍布斯的相关观点可参见：［美］E. 博登海默：《法理学——法律哲学与法律方法》，邓正来译，中国政法大学出版社 1999 年版，第 44 页。

值得考虑的选择。以下，笔者将主要以第一审民事案件审理期限制度（以下简称“一审民事审限制度”）为对象对我国现有的民事审限制度进行尝试性的研究，以期促进对民事审限制度的更多关注。

二、我国民事诉讼期间制度之导论

（一）概述

1. 我国民事诉讼期间的概念

民事诉讼中的期间是指法院、当事人和其他诉讼参与人各自实施或完成诉讼行为所必须遵守的期间。[1]期间是《民事诉讼法》在时间方面所设置的一种诉讼保障制度。在民事诉讼中，无论是法院的审判行为，还是当事人和其他诉讼参与人的诉讼行为，都必须遵守一定的时间要求，否则便不发生相应的法律效力。它体现了诉讼活动的规律，有利于促使诉讼主体及时行使诉讼权利，履行诉讼义务，节省人力、物力、时间，尽快解决当事人之间的民事争议。

2. 我国民事诉讼期间的分类

诉讼期间可以按不同的标准，作不同的分类。就我国而言，以期间是由法律直接规定，还是由法院指定为标准，可分为法定期间和指定期间。以期间能否随意变动为标准，可分为不变期间和可变期间。从各国法律的规定来看，诉讼期间无非就是两种基本情况：一是固定的期间；二是可变的期间。

（1）固定的诉讼期间。固定的诉讼期间是《民事诉讼法》当中最为基本的也是较为普遍的诉讼期间形式。例如，立案期间、管辖权异议期间、上诉期间、申请再审期间、申请执行期

---

〔1〕 何文燕主编：《民事诉讼法学》，湖南人民出版社 2001 年版，第 220 页。

间的规定等。这一类型的规定将期间严格地限制在某个时间段内，使其固定化。在民事诉讼当中，固定的诉讼期间可以严格控制相应的程序，杜绝不必要的延迟；可以使诉讼程序趋于稳定化，避免诉讼程序个别化；可以严格控制弹性诉讼行为，将诉讼行为予以严格限制；可以规范执法人员的职务行为，保障诉讼参与人的合法利益。因此，在《民事诉讼法》关于期间的规定中，固定的诉讼期间对稳定诉讼程序，保障当事人的权益是具有重要意义的。

（2）可变的诉讼期间。可变的诉讼期间占民事诉讼中有关期间规定的比例也很大，它包含的情形主要有以下几种：①指定期间。期间在特殊情况下可以由法院指定，如法院在诉讼中指定当事人补正起诉状的期间、指定被执行人履行生效判决所确定的义务的期间等。一般情况下，《民事诉讼法》对那些比较重要的诉讼行为实施的期间都作了明确规定，但诉讼活动纷繁复杂，法律不可能对所有诉讼行为的期间都一一规定完全，而且，某些诉讼行为的实施究竟以多长时间为宜，法律也难以预先作出规定，而只能由法官在诉讼中根据案件的具体情况灵活地加以确定。指定期间实质上是将实施某种诉讼行为的期间交由法院依职权自由裁量，但这并不意味着法院可以任意指定期间。期间的指定应长短适当，充分维护诉讼参与人的程序权益，并兼顾诉讼效率。②诉讼期间延长性的规定。诉讼期间延长性的规定在《民事诉讼法》当中是较为多见的，如《民事诉讼法》关于审判期限的规定。延长性规定是为解决因案件不同、案情不同等所导致的诉讼行为复杂程度产生差异而设立的弹性规定。它使解决不同复杂程度的诉讼行为的资源投入量摆脱了等量的不合理性，完善了期间制度。③诉讼中止。因诉讼中止的期间不计入审判期限，所以，诉讼中止并不意味着正在进行的程序期间本身的变化。但是，诉讼中止的出现无疑对原程序的推进产生了时间上的影响。从这一角度来看，诉讼中止导致了期间的“可变”性。④申请恢复期间的期间。《民事诉讼法》规定的“当事人因不可抗拒的事由或者其他正当理由耽误期限的，在障碍消除后的十日内，可以申请顺延期限”就是这种情况。⑤其他引起期间“可变”的情形。例如，延期审理、诉讼终止等。上述几种情形使诉讼程序更具有合理性，但同时也会带来一些问题。它使诉讼程序增加了不稳定因素，使诉讼期间预期功能打了折扣，使法律的严肃与统一受到了质疑，也使当事人在诉讼中的权益保障遇到了障碍。

（二）价值分析

法律是文化的一部分，并且是历史悠久、根深蒂固的一部分。基本的法律意识与深刻的社会、政治、经济思想之间有着错综复杂的密切关系。法律源于其他文化，又给其他文化增添了新的内容，两者之间互为补充，不可分割。〔1〕法律植根于文化之中，它在一定的文化范围内对特定社会在特定的时间和地点所出现的特定要求作出回应。〔2〕诉讼期间贯穿于整个诉讼法之中，从诉权的保护到案件的审理再到裁决的执行，法律都规定了明确的诉讼期间。约束不同诉讼行为的诉讼期间就像滚动的履带连接扣一样把诉讼程序的各个环节和内容统一了起来，把人民法院和当事人的诉讼行为联系了起来，从根本上保证了诉讼活动的整体性、规范性、有序性。没有诉讼期间的设置，各诉讼行为、活动之间就无法合理衔接，整个民事诉讼的锁链

---

〔1〕［美］约翰·亨利·梅利曼：《大陆法系》，顾培东、禄正平译，法律出版社2004年版，第151页。

〔2〕［美］约翰·亨利·梅利曼：《大陆法系》，顾培东、禄正平译，法律出版社2004年版，第156页。

就会变得松散、无序，诉讼程序的运作将毫无章法可依。因此，诉讼期间是人民法院和当事人以及其他诉讼参与人正常进行诉讼、完成诉讼目的的重要保障。它与送达、财产保全、先予执行、对妨碍民事诉讼的强制措施和民事诉讼费用等共同构筑了完善的民事诉讼保障制度。庞德（Pound）认为，价值问题虽然是一个困难的问题，但它是法律科学所不能回避的。即使是最粗糙、最草率或最反复无常的关系调整或行为安排，在其背后也总有对各种相互冲突和相互重叠的利益进行评价的某种准则。〔1〕一项制度的建构必须以一定的基本价值为导向，进而在运行中自觉接受该基本价值的指导。对此，笔者认为，其价值体现在如下几个方面：

1. 有利于保护当事人的合法权利

法律作为社会控制的手段，其任务在于满足人们的各种要求和愿望。在不能满足人们一切要求的情况下，法律至少应尽可能做得好些，毕竟，当事人将民事纠纷诉诸法院是渴望已经处于非正常状态的合法权利得以恢复到正常状态，这是当事人的一项正当权利。通常认为，公民权利是国家权力的前提和基础，国家权力行使的目的是保障公民权利。具体到民事诉讼中，则体现在审判权作为国家权力的组成部分应当周全、及时地保护当事人的合法权利。诉讼期间制度作为对审判权行使的时间层面上的要求与限制，应该构成对当事人的权利进行及时救济的有力保障，在应然层面上应该能够防止因法院不能在法定时间内完成法定的诉讼行为给当事人的合法权利造成损害。

2. 有利于保障诉讼活动的顺利进行

从一定意义上说，科学的诉讼期间决定了诉讼程序设置的

〔1〕［美］庞德：《通过法律的社会控制——法律的任务》，沈宗灵、董世忠译，商务印书馆1984年版，第55页。

科学性。民事诉讼程序就其本身而言，有着阶段性和连续性的特征。科学的诉讼期间规范了诉讼程序的阶段性，保障了诉讼程序的连续性和顺畅性。此外，从各个诉讼主体间的相互关系来看，科学的诉讼期间制度有利于各个主体诉讼行为的协调。

首先，期间制度的主体包括法院、当事人和其他诉讼参与人。诉讼期间制度的多元规范，适应了期间主体的多元性。科学的诉讼期间制度体现了对各个主体不同的诉讼权益的保障。从当事人和其他诉讼参与人的角度来看，科学的诉讼期间制度节省了当事人和诉讼参与人的诉讼成本，保障了当事人和其他诉讼参与人的权益。从法院的角度来看，科学的诉讼期间制度保障了司法资源的合理分配。

其次，诉讼期间制度的多元化，适应了民事诉讼案件的繁简性。对于简单的程序、诉讼行为或对于事实清楚、证据充分的案件可以简而行之，对于复杂的、疑难的、有争议的案件可以加大力度，按照每一程序或诉讼行为的复杂程度合理地投入资源必然可以使整个司法资源得到合理的利用。各程序或诉讼行为的诉讼期间规定的不同，使司法资源的投入量避免了等量的不合理。从这一角度来看，科学的诉讼期间制度体现了诉讼经济性。

最后，诉讼期间制度的多元化，适应了多元性的程序结构。我国规定了民事审限期间、民事举证时限、立案期间、管辖权异议期间、申请执行期间、当事人补正起诉状期间等。

3. 有利于实现法律的严肃性和统一性

诉讼期间制度规范了诉讼活动，体现了法律的严肃和统一。[1] 民事诉讼活动以起诉、受理、立案、审判、执行等几方面构成

---

〔1〕 江伟主编：《民事诉讼法》，中国人民大学出版社 2000 年版，第 192 页。

程序的空间转移。诉讼期间以时间推进的方式限制了各程序并指引着诉讼程序的顺利进行，保障整个诉讼活动的规范而有序。同时，它也使执法者有了遵循程序的尺度。任何执法者和诉讼参与人都要严格遵守民事诉讼期间，否则将产生相应的法律后果。这也意味着该制度不仅仅是一种技术上的规范，更有一种强制作用。诉讼期间制度以规范诉讼程序和执法者的方式规范了诉讼活动，保障了法律的严肃性和统一性。

4. 有利于提高诉讼效率

诉讼期间的规定从根本上体现着诉讼效率。公正与效率是司法的灵魂和生命，也是我国审判方式改革的两大目标。公正是人类社会亘古至今的基本法则，也是法律的根本出发点。诉讼效率是通过司法实现公正的最佳状态，也是实现司法公正的内在追求。迟来的公正就是不公正，效率成了公正与否的标准之一。美国法学家波斯纳（Posner）在《法律的经济分析》中提出，公正在法律中的第二个意义是效率。强调效率的价值在于以最少的人力、物力和财力，在最短的时间内，最大限度地满足人们依靠法律对公正、秩序、财富的需求。诉讼期间制度根据诉讼行为的不同复杂程度而设立相应的时间界限，这一时间界限就是该诉讼行为所必须遵循的期间。它是诉讼活动及时进行的保证。以运动的观点来看，诉讼活动也是一种运动，它同样有空间和时间这两条主线，而诉讼期间制度是诉讼活动时间线的保证。它使诉讼活动呈现出一种整体的态势，使诉讼中的各种程序前后承接，环环相扣，体现了诉讼效率的要求。诉讼程序中的时间就表现为诉讼期间上的规定，如果期间的规定不合理，审理案件的周期便会过长，诉讼效率也会低下，因而，诉讼期间的长短就成了影响诉讼效率的决定性因素之一。

总之，诉讼期间制度直接关系到对当事人程序权益的保护，关系到人民法院审判效率的提高。

（三）考察与比较分析

1. 大陆法系国家的民事诉讼期间制度

诉讼期间对于促进民事诉讼法律关系主体在规定内完成诉讼行为，保证民事诉讼及时得到解决，保护当事人的合法权益具有重要意义。一直以来，期间在大陆法中都特别重要，许多行为在英美法国家不受固定的期限限制，但在大陆法国家却必须在规定的期间内完成。

（1）古罗马法关于期间制度的规定。古罗马法即已认识到诉讼及时终结的重要性，“认为应当尽快审结诉讼”“任何人不得有意拖延诉讼”。“为了不使诉讼成为不息不灭的，不使其超过人生的限度”，优士丁尼皇帝于公元530年在全国范围内颁布法令，规定“一切将被提前的钱款诉讼，无论其数额多寡，一切关于状况、城邦权利或个人权利的诉讼，一切关于占有、所有权、抵押或地役权的诉讼，以及人们所进行的任何其他诉讼（有关财税法的案件和有关公共职权的案件除外），自争诉讼程序开始后，均不得超过三年的期限。而且，对于审判员来说，无论是在这个伟大的城邦，还是在各省行使或大或小的职权，无论已是执法官，还是在我的皇宫中委托的或是由皇帝代表指派的，均不得超过此三年期限进行诉讼。无人不晓，这属于较重大的司法权，因而，如果审判员不同意，谁也不敢违背其意志延长诉讼”。尽管在钱款诉讼中允许因案件调查的需要而延期，但“任何一种延期都不得超过一次”。〔1〕

（2）德国。德国继承了古罗马法重视诉讼期间的传统，在其民事诉讼法典中较为系统地规定了诉讼期间制度，对期间的

---

〔1〕［意］桑得罗·斯奇巴尼:《民法大全选译（司法·管辖权·审判·诉讼）》，黄风译，中国政法大学出版社1992年版，第64~65页。

计算方法、期间的变更形式和程序、迟误期间的后果以及如何恢复原状等作了明确规定。

依《德国民事诉讼法》的规定，期间的末日是星期日、一般的节日或星期六时，期间在其下一个工作日届满时终结。如以时定期间，计算期间时，星期日、一般的节日和星期六都不计入。当事人之间可以合意缩短除了法律规定为不变期间外的期间。对于法定期间与裁判上的期间，在说明重大理由后，当事人可以申请延长或缩短。但法定期间的延长或缩短，以有特别规定者为限。迟误诉讼行为的一般结果是，当事人不能再为该诉讼行为。但若非因过失而未能遵守期间，当事人可以向法院申请恢复原状，但需在障碍消失之日起两周内以书面的形式提出申请。〔1〕

（3）日本。日本法与德国法一脉相承，许多制度都深深打上了德国法的烙印。明治维新后，日本根据当时国内外政治斗争和发展资本主义市场经济的需要，仿效1877年《德国民事诉讼法》，于1890年制定了自己的民事诉讼法。一百多年来，该法虽然历经多次修改，但仍然保持了《德国民事诉讼法》的体系和基本原则。日本的民事诉讼期间制度与德国的大体相同。依《日本民事诉讼法》的规定，期间的届满日为星期日、星期六、《关于国民节日法》（1948年第178号法律）规定的休假日、1月21日、1月3日或遇到12月29日至12月31日之前的日期时，期间以其次日为届满。法院对法定的期间或由其规定的期间，可以延长或缩短。

（4）法国。与德国、日本两国相比，法国的民事诉讼立法不仅详细规定了期间计算和期间变更规则，还明确指出了不遵

〔1〕 参见《德国民事诉讼法典》第216~238条。

守规定的期间将遭受的各种制裁。

《法国民事诉讼法》详细规定了诉讼期间的计算单位和期间的起止。按照该法的规定，各种期间分别按日、月或者年计算，但是在特别情况下也可以小时计算。原则上，期间自行为实施之日起计算，即诉讼程序期间自文书作成之日、事件发生之日、裁判决定作出之日或者自开始期间的通知之日起计算。但对于按日计算的期间，作出文书之日、事件发生之日、裁判决定作出之日或者期间开始的通知之日，不计算在内。期间仅自该日结束时才开始，也就是从 0 时开始计算。所有期间均于最后一天的 24 时终止。按照正常计算，期间于星期六、星期天、节假日或停工休息日终止时，均顺延至随后的第一个工作日。当期间是按月或按年计算时，该期间自与文书作出之日、事件发生之日、裁判决定作为之日或者期间开始通知之日具有同样数字的最后一月、最后一年的当天终止。在没有相同数字的情况下，期间于当月的最后一天终止。期间以月计算以及以天计算时，首先计算月，然后再以天计算。

期间的变更可分为法定变更期间和经裁判干预期间。法定的期间变更主要是对期间的增加，依《法国民事诉讼法》以及相关的法律和法院判例，期间可因当事人距离系属法院遥远而增加相应的时间，也可因期间的中止或中断而增加。在发生严重事件，引起国家生活严重混乱的情况下，立法者还可以特别地临时变更期间。法官也可以根据案件的具体情况，缩短或者延长某些期间。《法国民事诉讼法》第 646 条规定，法官有权在紧急情况下缩短出庭期间或者允许于指定期日进行传唤。又如，其第 764 条规定，审前准备法官依据案件的性质、紧急程度与复杂性，随时确定审前准备所必需的期限；审前准备法官同意的，可以延展该期限。

法国民事诉讼立法对期间的效力给予了高度重视，认为不遵守诉讼程序期间并不仅仅是一种形式缺陷。法律规定在一定期间内必须完成某种行为时，不遵守规定的期间的，必定会引来丧失权利——因逾期而丧失权利，即使有关的当事人是无行为能力的人，亦无例外。《法国民事诉讼法》第152条规定，法官依职权提出“诉讼不受理”，而且，这种诉讼不受理具有公共秩序性质，因没有遵守应当提出救济申请的期间引起诉讼不受理的情形，尤其如此。而且，对不遵守诉讼程序期间的制裁，不适用“没有损害，不能成立无效”的规则。但并非所有未遵守期间的情况都必然会被以丧失权利论处。当事人遇到不可抗力的情况时仍可取消丧失权利的处分。第540条规定，如裁判是缺席作出，或者如判决被视为对席判决，被告没有过错，但在有效期间未得知判决而不能及时提出上诉的情况下，或者不可能提出上诉的情况下，法官得以排除被告因逾期而引起的丧失权利。当然，所给予的制裁过轻，并且不符合规定事由的可以进行补正。〔1〕

2. 英美法系国家的民事诉讼期间制度

英美法系国家原本并无明确的诉讼期间制度，不过，随着英美法日益强调法官对案件的管理权限以促进诉讼，期间在英美法上也日益受到重视。近年来，英国、美国等亦逐渐确立并强化了民事诉讼期间制度。

（1）英国。《英国民事诉讼规则》第2.8条第2项规定，以日表示的期间，指净工作天数；第3项规定，在本规则中，净工作天数指在计算期间时，（a）不包括期间开始之日，以及如期间结束以事件为标志的，则不包括该事件发生之日；第4项

〔1〕［法］让·文森·塞尔日·金沙尔：《法国民事诉讼要义》，罗结珍译，中国法制出版社2001年版，第692~696页。

规定，如指定期间（a）为5日或少于5日，以及（b）包括星期六或星期天，或者带薪假期、圣诞节或者耶稣受难日的，则该日不计算在期间内。第2.1条规定了当事人可变更期间，即除本规则或诉讼指引另有规定或法院另有指定之外，当事人可通过书面协议方式，变更本规则规定或法院确定的任何行为之履行期间。第3.1条第2项规定了法院可延长或缩短履行任何规则、诉讼指引或法院命令的期间。《英国民事诉讼规则》也规定法院应根据申请，对不遵守法院指令的当事人予以制裁。例如，禁止当事人提出或抗辩系争点，或不准许采取与指令相关的证据。〔1〕

（2）美国。《美国民事诉讼法》第6条第1款规定，根据本规则，或者根据联邦地区法院所在州的当地规则，或者根据法院的命令，或者根据任何应适用的法律所规定或允许的期间的计算，被指定为的行为、事件或不应诉的期间开始的当日不应计入期间内。按此种方法计算出的期间的最后一日为星期六、星期日或者法定节假日，或者向法院提交文件的当日天气或其他情况使得当事人无法接近联邦地区法院书记官的办公室的，期间顺延至上述日期的次日结束。第2款规定，根据本规则或据此发出的通知或者法院的命令，要求一定行为在特定时间或在特定期间内完成或者被允许时，法院依据申明的理由可以随时作出如下裁量处置。如果在最初规定期间或者被以前的命令已延长的期间届满之前提出请求，法院可经或不经申请或通知命令延长期限；或者根据在指定的期限届满之后提出的申请，如果是由于可原谅疏忽而未完成的行为的，允许其完成。

美国的初审法院在审理民事案件时还设立了一种被称作

〔1〕徐昕：《英国民事诉讼与民事司法改革》，中国政法大学出版社2002年版，第186~187页。

“案件进度表”的制度。依照该项制度，法官应召集当事人各方的律师确立递交证据、进行证据开示的日期、安排和解会议的日期并告知当事人和律师开庭的日期。虽然《美国民事诉讼法》对案件没有设定一个绝对的审理期限，但是，初审法官要估量一个案件需要花费多长时间，并列表作出合理的时间安排。如果当事人或当事人的律师没有遵守日程安排，法官可以根据申请或以法官的自由裁量权作出适当的制裁，如不允许其再行证实或对抗诉讼请求、禁止提出证据、作出缺席判决等，还可以要求其支付由此产生的额外费用。[1]

三、我国一审民事审限制度的立法与实践

我国民事诉讼期间制度的内容具体包括民事审限期间、民事举证时限、立案期间、管辖权异议期间、申请执行期间、当事人补正起诉状的期间等。以下，笔者拟就有代表性的一审民事审限制度进行分析，以探究其不足之处。

（一）现有一审民事审限法律渊源的系统阐释

《民事诉讼法》《海事诉讼特别程序法》《最高人民法院关于适用〈中华人民共和国民事诉讼法〉若干问题的意见》《最高人民法院关于严格执行案件审理期限制度的若干规定》（以下简称《审限规定》）和《最高人民法院关于适用简易程序审理民事案件的若干规定》等对民事审限制度作出了较为详细的规定。依据现有的法律渊源，我国民事审限制度的基本框架可被系统地阐释为：

（1）关于民事审限的长度：适用普通程序审理的第一审民事案件，审理期限的一般长度为 6 个月；适用简易程序审理的

---

〔1〕 白绿铉、卞建林译：《美国联邦民事诉讼规则证据规则》，中国法制出版社 2000 年版，第 20~21 页。

第一审民事案件，审理期限的一般长度为 3 个月；适用特别程序审理的民事案件，审理期限的一般长度为 30 日，但审理选民资格案件必须在选举日前审结；审理第一审船舶碰撞、共同海损案件，审理期限的一般长度为 1 年。

（2）关于民事审限的计算：民事案件的审理期限以立案次日为起算点。由简易程序转为普通程序审理的第一审民事案件的审理期限，从立案次日起连续计算。民事案件的审理期限以人民法院判决书宣判、裁定书宣告或者调解书送达最后一名当事人的日期为终止点。

（3）关于民事审限的延长：一审民事审限的延长可以涵盖如下五个方面的内容：①关于可延长次数：适用普通程序审理的第一审民事案件，审理期限的可延长次数为两次；适用简易程序审理的第一审民事案件，审理期限可延长一次；适用特别程序审理的民事案件，审理期限的可延长次数为一次，但审理选民资格案件必须在选举日前审结；审理第一审船舶碰撞、共同海损案件，审理期限的可延长次数为一次。②关于延长理由：民事审限的延长理由是特殊情况的存在。③关于可延长时间：适用普通程序审理的第一审民事案件，审理期限的初次可延长时间为 6 个月，再次可延长时间为 3 个月；适用简易程序审理的第一审民事案件，延长后的审理期限累计不超过 6 个月；适用特别程序审理的民事案件，审理期限的可延长时间为 30 日，但审理选民资格案件必须在选举日前审结；审理第一审船舶碰撞、共同海损案件，审理期限的可延长时间为 6 个月。④关于延长审理期限的批准主体：适用普通程序审理的第一审民事案件，初次延长审理期限的批准主体为本院院长，再次延长审理期限的批准主体为上一级人民法院；其他民事案件审理期限的延长主体为本院院长。⑤关于延长审理期限的报告和决定程序：

民事案件应当在审理期限届满前10日前向本院院长提出申请；还需延长的，应当在审理期限届满前10日前向上一级人民法院提出申请。对于下级人民法院申请延长审理期限的报告，上级人民法院应当在审理期限届满3日前作出决定，并通知提出延长审理期限申请的人民法院；需要本院院长批准延长审理期限的，院长应当在审理期限届满前批准或者决定。

（4）关于民事审限的排除：法院因当事人、诉讼代理人申请通知新的证人到庭、调取新的证据、申请重新鉴定或者勘验而决定延期审理一个月之内的期间，民事案件公告或鉴定的期间，审理当事人提出的管辖权异议和处理法院之间的管辖争议的期间，民事案件由有关专业机构进行审计、评估、资产清理的期间和中止诉讼至恢复诉讼的期间不计入民事案件的审理期限。

（5）关于违反民事审限制度的惩戒：审理案件的期限实际上由当事人为诉讼行为的时间和法院为裁判行为的时间两部分组成。当事人超过为诉讼行为的时间的，发生失权的后果；而法院超过为裁判行为的时间的，则无诉讼法上的后果，但如果审判人员故意拖延办案，造成严重后果的，依照《人民法院工作人员处分条例》的规定给予处分。

（二）对一审民事审限制度的实证分析

纯理论、纯抽象意义的问题考究，终归还是缺乏现实基础的照应，不仅失去了在现实（尤其是在法律操作层面上）的生动活泼，也影响了程序法的应有魅力。今后的新学问，必须彻底否认抽象论的意义，将基础建立在具体性上，并导入更为经验主义的手法。[1]实证分析方法也理应被应用到民事案件审理

〔1〕［美］E. 博登海默：《法理学——法律哲学与法律方法》，邓正来译，中国政法大学出版社1999年版，第10页。

期限制度的研究之中，因为如果缺乏实证分析的方法，理论研究可能只会成为一种向壁虚构，无法实现对具体法律实践的指导。运用实证分析的方法对民事案件审理期限制度进行研究无疑具有重要的现实意义。

1. 对调查方法的说明

常用的实证分析方法包括社会调查的方法、历史考察的方法、比较的方法、逻辑分析的方法、语义分析的方法。[1]调查采取查阅统计报表、案件卷宗抽样以及访谈等方式。调查的对象是某基层法院审理的部分民商事案件。该院地处山区小县，经济相对不发达，民商事案件的绝对数量与其他法院无法相提并论。

2. 对调查的分析

（1）基本情况。主要从以下几个方面分析：

第一，从审结时间上分析。笔者对该院 2014 年以来的民商事案件采用随机抽查的方式，共检查民商事案件 1300 件（包括民事案件 975 件，商事案件 325 件）。抽查结果如下表：

案件 审限	数量（件）	所占百分比（%）
一个月以内	604	46.46
三个月以内	451	34.69
三个月以上	245	18.85

第二，从案件类型上分析。笔者通过调查得知，在一个月内审结的案件中，多数是当事人对争议的事实提出了有力的证

〔1〕 张文显主编：《法理学》，高等教育出版社、北京大学出版社 1999 年版，第 40~41 页。

据，不需要做更多的查证，而且纠纷发生的时间短，没有复杂的情节，主要诉讼标的没有原则上的分歧或事实比较清楚、法律关系简单、争议不大的案件。在6个月内及超过6个月审结的案件主要是劳动争议类和少部分婚姻家庭类案件，因往往涉及当事人的身份关系和利益关系，矛盾较大，审理期限偏长。

第三，从结案方式上分析。笔者调查发现，在民事案件的审理当中，调解案件（包括撤诉）的审限都短于判决案件的审限。在整体的实证分析中，笔者明确得出了与一般印象有所不同的结论。在一般印象中，调解需要做大量工作，审理期限应当远多于判决的审理期限。但实证分析却得出了不同的结论，主要是因为：调解比较灵活，而判决却需要受到程序的严格限制；判决案件在认定事实、适用法律方面的要求高于调解结案的案件；判决结案的案件涉及鉴定、评估、公告等事项的比例远远高于调解结案的案件；判决结案的案件审批环节多于调解结案的案件，讨论、等待占用了一定的时间。

第四，从非审限用时上分析。非审限用时主要指《审限规定》第9条规定的案件审理中的公告、鉴定期间、处理当事人提出管辖异议和法院之间管辖权争议期间、专业机构、评估、资产清理的期间等不记入审理期的期间。当然，我们也可以把诸如汇报、请示、讨论，文书制作等工作的时间归类到非审限用时。实务中，非审限用时对审限的影响往往较大。该院虽受案件类型和数量的制约，但实际碰到的问题十分明显。对非审限用时的统计分析表明，几乎有占抽查案件50%的案件存在着非审限用时的问题，而且非审限用时个案平均时间达到31.79天，是简易程序审理期限的1/3，是普通程序审理期限的1/6，这其中，还不能穷尽所有可能存在非审限用时情况的案件。抽查的1300件案件的非审限用时，均案是14天。

（2）存在的问题。虽然从大层面上看，执行民事案件审限制度总体情况较好，但从抽查的情况来看，还存在以下问题：

第一，结案时间模糊。《审限规定》扭转了《民事诉讼法》对审限截止时间模糊的状况，重新界定了审理期限从立案次日起计算。特别是明确了审结时间的“含义”，将审结时间确定在将“判决书宣判”“裁定书宣告”“调解书送达”之日。但在抽查的案件中，占90%的案件都把最后一次开庭审理的时间或合议庭合议的时间或审委会讨论案件时间作为报结时间（包括已当庭宣判的案件）。结案时间上未严格执行《审限规定》，从而影响了审限统计的准确性。

第二，存在个别扣减审限现象。《审限规定》明确规定了涉外案件、涉港澳台案件、破产案件，以及由当事人提起管辖异议的期间和法院公告期间，由有关专业机构进行鉴定、审计、评估、资产清理的期间等不计入审限的12种情形。但在执行中，办案法官及合议庭在审查、评议应计入审限期间的和扣减非审限用时的具体内容时，往往不会提出具体意见或作出明确决定。

（3）影响案件审限要素分析。分析这一要素，对我们要解决已出现并存在的问题、提高审判效率是十分有益的。

第一，审限制度上的原因：

其一，审限制度的不确定性。这主要体现在一审审限可延长的次数达两次，没有规定不同类型的案件适用不同的期限，加之立法对延长审限的理由采取抽象表达的形式予以规定，容易导致法官自由裁量权的滥用。实践中，同类型的案件审理常常出现审限长短不统一的现象，与审限长度具有不确定性有密切关系。

其二，审限制度的单方性。一方面，我国法律只规定了当事人违反诉讼期间规定应当承担的后果，而对司法机关类似行为的后果却没有十分严格和明确的规定，这也助长了司法机关在诉讼中的任意超期行为。另一方面，审限延长制度凸现出了强烈的职权主义色彩。这主要体现在审限一直被看成是法院内部的事，与当事人无关。是否延长的决定权由本院院长或上级法院行使，审限延长的理由是否属于特殊情况的判断权由法院单独享有，缺乏延长审限前后法院向当事人应负有告知义务的规定，缺乏当事人对法院决定是否延长审限的诉讼行为表达不同意见的救济程序，缺乏关于法院延长审限报请和批准的具体规定，从而减弱了对审判权的制约。

第二，诉讼机制上的原因：

其一，判决和调解的运行机制不一，导致两者的审限用时结果反差很大。《民事诉讼法》规定了审判程序，其中第一审普通程序分为起诉和受理、审理前的准备、开庭审理等环节。开庭审理又必须在 3 日前通知当事人和诉讼参与人到庭，并按法庭调查、法庭辩论、最后陈述等步骤进行。该法第 142 条规定："法庭辩论终结，应当依法作出判决。判决前能够调解的，还可以进行调解，调解不成的，应当及时判决。"理论界和司法实务界普遍认为，这条规定表明我国的所有民事判决都必须在开庭审理的基础上作出。尽管《民事诉讼法》也规定了简易程序，但有关该程序的规定却未明确未经庭审可径行判决的情形。由此可见，程序上非经庭审不能裁判的法律规定本身，拉长了不少案件的审理期限。

其二，普通程序和简易程序的双轨制运行，导致对审理期限的监督产生制度上的障碍。我国目前对案件的审理所适用的程序以适用普通程序或者是简易程序为通用规则，以由简易程序向普通程序转换为例外。由于立法对简易程序的适用范围规定得不明确，且我国法院缺乏适用简易程序的专门机构，同一法官兼具审理普通程序和简易案件的双重任务，难免导致司法实践中简易程序和普通程序的界限不清和混用。主要有两种情况：一是简易程序与普通程序的交叉适用，使得审判工作安排时有发生冲突。简易案件由审判员一人独任审判，其工作安排相对比较独立，而普通程序案件的审理则需要三个审判人员同时进行，加之某些法官未能严格按照法律的规定适用普通程序，有时会因为工作失误，出现原定的合议庭成员在同一时间又要审理自己承办的简易案件的尴尬局面。其结果要么是合议庭临时更换成员（这种做法有违《民事诉讼法》的规定），要么就是其中一个案件的审理被延迟，从而影响工作效率，损害当事人的利益，也损害法院的形象。二是不问案件繁简，一律按简易程序办理，发现案情复杂后，再转为普通程序。以笔者于2014年对某法院抽查的500件民事案件为例，适用简易程序审理的为416件，适用普通程序审理的为84件。其中，由简易程序转为普通程序审理的为73件，占全部普通程序审理的86.9%。其中，因为送达困难，需公告送达而转为普通程序的为27件，占转为普通程序审理的36.98%，其余均以“案情复杂”为由转为普通程序审理，并100%得到了批准。这一方面反映出了法院在审批环节上的随意性，另一方面也致使一些简易纠纷，因人为因素而被拖延审限，造成诉讼效率低下。

第三，审判管理上的原因：

其一，审判监督（特别是错案责任追究）的过分细化，使一些审判人员对案件的审理犹豫不决。最高人民法院颁布的《人民法院工作人员处分条例》对审判人员的责任从立案到执行都作了十分详细的规定，甚至因过失导致裁判错误，造成严重后果的也要追究责任。错案追究制客观上使得法官格外谨慎以明哲保身，在一定程度上束缚了法官的手脚，挫伤了部分法官独立裁判的积极性。此外，各地法院还出台了案件质量评查细则，对每一个案件进行具体的评查。

其二，审判流程运行不畅，使一些案件非审限用时得不到有效压缩。一是立审之间得不到有序衔接，增加非审限用时。实行流程管理后，立案庭承担了有关法律文书送达、对管辖权异议的审查、诉讼保全等庭前程序性工作，虽然根据最高人民法院规定，立案庭承担了这些工作后，向审判庭移送案卷材料的期限可不受《审限规定》第 7 条“立案机构应当在决定立案的三日内将案卷材料移送审判庭”规定的限制，但该复函同时也明确规定了“第一审案件移送案卷材料的期限最长不得超过二十日”，因受送达困难等各种因素的影响，有时往往在开庭前几日（已超过了规定的 20 天），审判庭才拿到案卷，这会直接影响到审理程序的正常进行。二是法官的轮岗、补岗提高了非审限用时。基于人事制度改革的深化和非审判工作（诸如学习、培训等）方面的原因，法院需要为被轮岗或培训的审判人员正在审理中的案件更换承办人，对如何交接注意不够，没有具体的交接办法，造成案件审理拖延。三是审判环节上人为发生的拖延现象。较为突出的问题是开庭后合议的时间较长。

其三，审判监督的不正确定位和制约不力，个别案件的审判效率得不到充分提高。一是突破法律规定提交审委会讨论案件条件，而规定每位审判人员每年必须要提交审委会讨论案件一件以上。毫无疑问，这样做，对了解和提高每位审判人员各方面的素质具有积极作用。

第四，法官队伍上的原因：

其一，审判力量不足。近年来，随着改革开放的不断深入和市场经济体制的逐步建立，独立的民事主体不断增多，新类型案件不断出现，民事案件不断上升。而基层法院由于人员编制的限制，民事审判人员基本上没有增加。就该院来说，目前全院共有干警职工 51 人，真正在岗的不过 48 人。这其中有审判职称的有 35 人，而真正在一线从事民商事审判的审判人员不过 10 人（乡下两个基层法庭只有一人，还要兼办执行案件），占全院人数的 19.2%，占有审判职称人数的 28.8%，导致“案件多，审判人员少”的矛盾相对突出。

其二，审限意识不强。法官审限意识的强弱以及对案件结案方式认同程度的影响，同样制约着审判效率。民事案件的审理期限规定，虽是民事诉讼法确定的一项诉讼制度，但在一些审判人员头脑中仍然缺乏审限意识，存在“审限问题不是审判工作的主要问题”等想法。主要表现有：一是个别审判人员重实体，轻程序，认为“慢工出细活”。法官断案主要是追求判决结果的公正，程序上拖沓一点影响不大，习惯于过去那种慢节奏的审判方式，并较多地强调案件的影响、复杂等客观因素。二是均衡意识不够。在审判实践中，有的法官缺乏计划性，前松后紧、先易后难，即先办相对简单、争议不大的案件，案情复杂案件暂时搁一搁，以致搁至审限临近，不得不报批审限延长手续，个别案件甚至在超审限后才履行补办手续。实际上，这些都反映了法官对审判时限的认识程度。三是有的案件当事人和代理人在诉讼时出于胜诉心理，往往想方设法找关系，以求得到关照。

第五，案件内在上的原因：

审限的长和短，不能不对案件的本身作必要的分析，也就是案件的难易决定审判效率。

其一，案件重大、疑难、复杂影响了案件及时审结。目前，民商事纠纷案件中反映出的新情况、新问题比较多，有些案件涉及全局性的问题。例如，涉及我国农村土地政策和“三农”的利益以及社会稳定的大问题。对这类纠纷由谁处理、如何处理等细节问题，都需要与政府有关部门共同研究，进行协调。所以，存在这些问题的案件，法院几乎都难以做到在审限期间内审结。一些属于集团诉讼或群体性诉讼的案件，因涉及面广、影响大，社会关注程度高，审理的难度也比较大。这类案件在事实认定、法律适用等方面，一般不存在很复杂的问题，工作的重点常常是协调、疏导和调解工作。审理时间比较长的目的是追求一个好的社会效果。

其二，法律文书送达难影响了案件审理期限。法律文书（尤其是应诉通知书和开庭传票等）如未能及时送达，必将直接影响案件的审理期限，也会给排期和流程管理带来许多不利，还会增加人力、物力的负担，在一定程度上制约审判工作的正常开展。

其三，审计、评估、鉴定时间过长影响了案件审理期限。这些案件主要是房地产案件、损害赔偿案件、当事人一方下落不明的案件，有很大一部分需要适用普通程序审理，举证期限为一个月，有时当事人还申请延长举证期限。在法律关系复杂的案件中，还存在当事人主张的法律关系与法院查明不一致的情形，法官要依法行使释明权，由当事人一方决定是否变更诉讼请求，当事人一旦变更诉讼请求，又要给对方当事人重新指定举证期限；有些案件案情复杂，需要开几次庭才能查清事实，因而审限相对较长。在抽查的1300件案件中，由于审计、评估、鉴定时间过长，影响案件及时审结的占了5.2%。究其原因主要有：一是目前社会上审计、评估、鉴定机构林立，审计、评估、鉴定人员政治业务素质参差不齐，同一案件多次审计、评估、鉴定，重复审计、评估、鉴定，审计、评估、鉴定结论不一的情况时有发生。二是法院内部、各审判业务部门对有关审计、评估、鉴定机构的业务范围、技术水平、管理优劣把握不准，对外委托司法鉴定存在一定的盲目性，不利于保证审计、评估、鉴定的质量，有时还会因为寻找合适的专门审计、评估、鉴定机构而浪费了大量的时间，以致严重影响案件审理的期限。三是当事人不能报送完整的送检材料，延误了鉴定、评估的时间。这类问题大多发生在一些建设工程合同纠纷案件中。另外，有些案件的鉴定、评估、审计难度较大也在一定程度上影响了审理期限。

第六，司法环境上的原因：

公民法律素质有待提高对当庭宣判率的提高有着很大的制约作用。虽然说，通过普法，公民的法律意识有了一定的提升。但是，公民整体法律素质不可能一蹴而就，想在短时间内实现质的飞跃是不现实的。当事人在向法院提交证据时往往比较盲目和混乱，造成核对和交换证据时间上的耽搁；有些当事人以看似合理的请求，用延长提交证据的时间为手段，达到拖延诉讼的目的；有些当事人因内部人员及管理等方面的问题，在诉讼发生之后，才委派专人了解情况，收集证据，使开庭时间一拖再拖，不能当庭宣判，一次开庭的结案率较低。有些案件甚至要向当事人逐步渗透可能面临的败诉结果，让其有心理准备后，才能作出宣判。

四、我国民事诉讼期间制度之改革与完善

（一）确立我国民事诉讼期间制度的指导思想

一项制度的完善必须以一定的指导思想为导向，进而在完善过程中接受该思想的指导。民事诉讼期间制度作为民事诉讼的保障制度应有其明确的立法指导思想，该思想应当适用和彰

显民事诉讼期间制度的正当性。

有学者认为，《民事诉讼法》的修订应树立“以人为本”的指导思想，在内容上彰显“以人为本”。[1]所谓以人为本，是指一切制度规范和政策措施都要以人为中心，从人性出发，考虑人的特点或实际需要，尊重人权，把人作为实质的主体，尽量减少异化。[2]

就诉讼期间来说，尽管诉讼期间已由法律明确规定，但是，由于指定期间和一些具体规定（如法院根据审理案件的需要，还可以决定诉讼期间的一再延长）的存在，我们可以看出，在民事审判活动中，人民法院对诉讼期间拥有很大的决定权。

因此，笔者认为，完善我国民事诉讼期间制度应该把“以人为本”作为指导思想。完善我国民事诉讼期间制度，应注重当事人的程序主体地位，以当事人权利保护为本位。在民事诉讼期间制度中要尊重当事人的意志和人格，增加当事人对诉讼期间的决定权，由当事人而不是法院把握诉讼期间的决定权，让其自主参与、自主选择、自主行为、自主负责，成为真正意义上的程序主体；[3]应注重当事人的实质性正义，使当事人有接受适时审判的权利，体现对当事人程序权益的保障。民事诉讼期间制度要体现对诉讼的促进，保障诉讼程序连续、顺畅。应改变以往民事诉讼期间制度在法院与当事人权力（权利）配置上偏向法院的格局，平衡两者之间的诉讼力量。

---

〔1〕 廖永安、魏小凡：“《民事诉讼法》的修订应坚持‘以人为本’的指导理念”，载《人民法院报》2005 年 9 月 28 日。

〔2〕 廖永安、魏小凡：“《民事诉讼法》的修订应坚持‘以人为本’的指导理念”，载《人民法院报》2005 年 9 月 28 日。

〔3〕 廖永安、魏小凡：“《民事诉讼法》的修订应坚持‘以人为本’的指导理念”，载《人民法院报》2005 年 9 月 28 日。

（二）转变程序理念

作为人类为其社会生活制定规则的有意识行为，立法一直与一定的观念密切相关。要实现我国期间制度的良性变革，首先要转变立法理念，实现从程序工具主义到程序本位主义的转变。这是完善期间制度的思想基础。

所谓程序本位，就是要在民事诉讼中坚持以诉讼过程（而不是诉讼结果）为出发点和评价标准的理念。它强调，只要程序本身被遵循，结果就应当被认为是公正的。为此，程序刚性是其共同的特征，某一主体违反了法律关于诉讼规程的强制性规定，就会导致对其不利的后果发生。这并不是说程序本位论否认实体公正的价值，它只是强调，实现实体公正不应是诉讼程序的唯一目的。一方面，实现实体公正是人类永不停息的追求，为此，人类需要不断改善有关程序。另一方面，由于人类认识能力和时间能力的局限性，什么是实体公正并不总是明明白白。这时，以程序为本，在诉讼程序完结时假定处理结果在实体上也是公正的就成了一种必要的妥协。而且，程序本位的立法理念本质上包含着程序安定的内在要求。程序安定要体现在程序的不可逆性和程序的及时终结性等方面。这与诉讼期间制度的内在要求是一致的。

（三）我国民事诉讼期间制度的改革

第一，在期间的设立与变更方面，首先要充分尊重当事人的程序主体地位，赋予当事人合意设立或变更诉讼期间的权利。这是贯彻程序主体性原则和实现程序正义的内在要求。但是，为了避免当事人约定的期间危及程序的安定性，我们必须对约定期间的适用进行必要的限制。其一，约定期间的主体只能是当事人，其他诉讼参与人不能以合意变更法定或指定的期间。约定期间将直接影响到诉讼程序的进展，因此，只能由对诉讼程序的进行有决定作用的当事人享有。其二，约定期间只能就可变期间进行约定，对于法律明示的不变期间，如不服判决、裁定的上诉期限，申请执行法律文书的期间，不能以合意加以变更。其三，当事人约定的期间不能违反法律关于最小期间的规定，防止损害基本的程序利益。其四，应主要针对仅涉及当事人的诉讼行为的期间进行约定，即不能妨碍法院审判权的行使。其五，约定的期间应经法院认可。虽然发生纠纷的是当事人双方，法院的角色是居中裁判，其存在的基础就是解决双方当事人的纠纷，如果双方当事人就诉讼期间能达成一致，那么对双方当事人解决纠纷便是有好处的。但是，一方面，一旦进入诉讼，法院就有指导诉讼、指挥诉讼的职责；另一方面，法院也有义务在法定的期限内解决纠纷。为了防止当事人双方协商确定的期间过长，影响法院及时结案，当事人对期间的约定需经法院认可。此种认可的目的在于使当事人的合意具有诉讼法上的效果，使之成为当事人必须遵守的期限。法院在认可时，应充分尊重当事人的意思，只要当事人约定的期间不违反法律的强制性规定，就应予以认可，以表明法院的中立地位。经法院认可的约定期间在诉讼程序中具有和法定期间或指定期间一样的法律效力。其六，严格遵守对诉讼期间的变更程序。由本级人民法院院长来决定诉讼期间是否延长不利于严格控制案件的审理期限。笔者建议，凡是需要延长诉讼期间的，一律呈报高级人民法院审批。高级人民法院审理的案件需要延长期间的，由最高人民法院决定。

第二，在期间耽误的效力方面，应明确规定期间耽误的法律后果。我国要借鉴各国的成熟经验，明确期间耽误的法律后果，建立相应的失权制度和惩戒措施，以督促他们及时地行使诉讼权利、履行诉讼义务，防止诉讼拖延，提高诉讼效率，以便及时、妥善地解决民事纠纷，从而充分发挥期间保障实现程序正义和程序效益的功能。

第三，期间的规定应体现对法院审判活动的约束。就提高诉讼效率而论，诉讼期间应主要体现为对法院审判行为的制约。因为法院从接到原告的起诉并决定立案之时起就掌握了诉讼进程的决定权，不论是送达诉讼文书还是开庭审理的期间，都是对法院审判行为的约束。因此，法院在审判中是否能遵守诉讼期间的规定，对审判效率的提高具有决定性意义。对此，我们可以通过对违反期间的诉讼行为规定程序法上的不利后果来实现这一点。

第四，期间的计算。《民事诉讼法》第 82 条第 2 款规定："期间以时、日、月、年计算。期间开始的时和日，不计算在期间内。"诉讼行为，作为合成整个诉讼程序的基本构件，彼此之间环环相扣，前一阶段的诉讼行为已开始但尚未完成时，即不得进行后一阶段的诉讼行为，诉讼行为期间的计算均以该项诉讼行为之前的一种诉讼行为作为参照系。《民事诉讼法》中部分涉及具体诉讼行为之期间的条文，在计算上存在着显属不当的语义表达方式。这种表达方式是在条文中直接规定某项诉讼行为的期间应从前一项诉讼行为完成之日起开始计算，也即将前一诉讼行为完成之日计算在本项诉讼行为的期间之内，并作为起算的第 1 日。《民事诉讼法》第 92 条第 1 款规定："受送达人下落不明，或者用本节规定的其他方式无法送达的，公告送达。自发出公告之日起，经过六十日，即视为送达。"诸如此类的规定的共同特点在于：前一项诉讼行为完成之日即为后一项诉讼行为的期间起算之时。这显然造成了期间计算上的重合，使后一项诉讼行为的期间在无形中被缩短了 1 日。这样一来，不仅在立法上造成了上述诸多条文中期间计算上的问题，而且显然有可能将会在诉讼实践中直接殃及各民事诉讼法律关系主体诉讼行为的正常实施。在某些特定情况下，还会造成当事人的诉讼权利被“合法”剥夺的严重后果。譬如，《民事诉讼法》第164条规定：“当事人不服地方人民法院第一审判决的，有权在判决书送达之日起十五日内向上一级人民法院提起上诉。当事人不服地方人民法院第一审裁定的，有权在裁定书送达之日起十日内向上一级人民法院提起上诉。”在此情况下，由于判决书、裁定书的送达之日同时被确定为上诉期间的第1日，故在客观上造成了当事人上诉期限的缩短，也即分别仅剩下了14日和9日，更为严重的是，如果当事人在其自己所理解的第15日或第10日提起上诉，则很可能被法院认定为逾期上诉，并因此“丧失”上诉权。事实上，这种情况在以往的诉讼实践中屡屡出现。之所以会出现这些弊端，完全在于那些涉及具体诉讼行为期间的条文，在期间的计算方法上，与《民事诉讼法》第82条第2款存在着直接的抵触。因此，建议在期间的计算方面，一要统一期间的起算点，将分则各个条文中“从……之日起……”的现有规定改为“从……之次日起……”。二要合理规定期间的剔除。民事诉讼通过各种期间制度的规定，使各种民事诉讼程序行为有机地、内在地连接起来，构成了统一的、具有内在协调性和紧凑性的整体。因此，任何对于期间的剔除都应以保障程序正义、促进诉讼效益为宗旨谨慎为之。

（四）关于完善我国一审民事审限制度的思考

第一，民事审限制度的立法应将当事人程序权益作为保障的重点，缩短审理期限，实现对当事人实体权益的保护。过长的诉讼期间规定会成为审判的低效率合法化的借口。近年来，各国诉讼程序改革的一个主要目标就是尽可能地缩短诉讼期间，以使其适应提高审判效率的需要。奥地利的司法统计资料表明：

近几年来，在州法院的民事案件中，平均审理期间只有 50 天~60 天。奥地利绝大多数民事案件都是由州法院进行审理的，而上位一审法院所审理的民事案件，平均审理期间只有 145 天。作为奥地利民事诉讼法典的起草者，弗伦茨·克莱因（Tranz Klein）自豪地宣称，程序改革的预期目标已经达到，诉讼程序已经变得为简易、低成本、迅速以及可为穷人所接近。为此，他列举了准确的统计数据，这些统计数据在程序改革前后的案件审理期间上表现出了划时代的变化。[1]德国著名诉讼法学家阿道夫·瓦赫（Adolf Wach）对德国民事诉讼法典予以了高度的评价，认为它是成功的。其事实依据之一便是绝大多数的民事案件都能在不到 6 个月的审理期限内审结。1968 年的德国统计资料表明，州法院 60%以上的民事诉讼案件以及初级法院 80%以上的民事案件都可以在 6 个月内审结。瑞典的官方统计表明，法院民事案件的平均审理期间（从案件立案之日起计算，至案件结案时止）为 2 个月。[2]与之相比，由于我国民事诉讼法为案件的审理规定了比较充分的时间，客观上导致法院审理案件审限普遍过长，案件久拖不决，大量积压的现象十分严重。为此，立法机关在时间范围和程序设计方面应给予足够的重视，保证正确地适用法律，确保及时判决。具体诉讼行为期间的确定，应在充分保障当事人程序权益的基础上，进行调查研究后进行规定。英国学者朱克曼（Zukerman）指出，并没有一个绝对合理的标准，也没有万无一失的措施来保证裁判的正确与合

---

〔1〕［意］莫诺·卡佩莱蒂等：《当事人基本程序保障权与未来的民事诉讼》，徐昕译，法律出版社 2000 年版，第 119 页。

〔2〕［意］莫诺·卡佩莱蒂等：《当事人基本程序保障权与未来的民事诉讼》，徐昕译，法律出版社 2000 年版，第 120 页。

理。合理的标准取决于现实的实践。[1]

第二，严格规定有关审限延长的程序，体现程序的透明性和当事人的程序参与性，公开延长的理由。由本级人民法院院长来决定诉讼期间是否延长不利于严格控制案件的审理期限。笔者建议，规定审限存在法定理由需要延长的，人民法院应当在不迟于审限期满10日前向有权主体提出申请并书面通知当事人，当事人有异议的，可以在收到人民法院的通知之日起3日内提出书面意见，有权主体应结合当事人的意见在审限届满前作出是否准许延长审限的决定。规定审限延长由高级人民法院批准；高级人民法院审理案件需要延长的，由最高人民法院批准；最高人民法院审理案件需要延长的。由审判委员会决定。其中，基层人民法院申请延长审限的，应当直接报请高级人民法院批准，同时报中级人民法院备案。

第三，增加当事人双方对于某些审理期限的合意选择权，体现当事人的程序主体性。诉讼期间作为诉讼活动中无论是法院、当事人还是其他诉讼参与人都应当依法遵守的期限，不仅有利于促使各诉讼主体在规定的时间内完成诉讼行为，也有利于保证诉讼活动富有效率地进行，因而，在立法上必须对各种诉讼行为规定明确的诉讼期间，这不仅是必要的也是必需的。然而，这并不意味着当事人双方对于诉讼中的某些期间就不能有所选择。《德意志联邦共和国民事诉讼法》第224条规定："(1) 除不变期间外，期间可以由当事人间的合意缩短。不变期间只指本法规定为不变期间的期间。(2) 法定期间与裁判上的期间，在说明重大理由后，可以申请延长或缩短。但法定期间的延长或缩短，以有特别规定者为限。(3) 延长期间时，除在各个

---

〔1〕 叶自强："民事诉讼迟延问题探讨"，载《法律科学·西北政法学院学报》1995年第6期。

情形另有特别规定外，新的期间从原期间届满时起算。”〔1〕第227条第1款规定：“有重大理由时，可以取消期间或变更期日，也可以延期辩论。”〔2〕由这些规定可见，在国外的立法上，虽然当事人对于期间的选择有着较为严格的条件限制，某些重大的期间变更还需经法官批准，但是，当事人对于诉讼中的不少期间享有选择权确是确凿无疑的。这有助于防止法官为私利而随意转换程序、补充中止、压缩审前准备时间和最大地减少当事人举证机会来保证其在规定的期限内审结案件。

第四，建立违反审限制度的责任机制，体现对当事人程序权益保障的重视，增强法院的诚信观念。应明确超审限的行为标准，既然法律对审限有具体规定，就应依法去做，如果不按法律的规定去做，即是不合法的行为，也就是违法行为。“超审限问题”之所以和“执行难”一样成了困扰法院审判工作的难点，其重要原因在于立法缺乏相对应的惩罚措施。立法者在制定超审限违法的制裁方法时，对于超审限应明确规定较严格、细化的处罚标准。例如，超审限案件达两件以上的，取消审判长、独任审判员资格，情节严重的予以留院查看，直至开除。对因超审限而给当事人造成经济损失的，责令办案人员承担民事上的赔偿责任。对于超审限行为严重且给国家、集体或个人造成严重后果的，依法追究法官的刑事责任。人民法院赔偿损失后应当责令有故意或重大过失的有关责任人员承担全部或部分赔偿费用。对有故意或者重大过失的有关责任人员，有关机关应当依法给予行政处分，构成犯罪的，应当依法追究刑

〔1〕谢怀栻译：《德意志联邦共和国民事诉讼法》，中国法制出版社2001年版，第54页。

〔2〕谢怀栻译：《德意志联邦共和国民事诉讼法》，中国法制出版社2001年版，第55页。

事责任。

第五，开展“责任、审限、市场”意识的专项教育。笔者认为，我国有必要在法院干警中开展以加强“责任、审限、市场”意识为内容的专项教育活动。一是要加强责任意识。围绕法院审判工作比较集中的“审判迟延、作风拖拉、效率不高”等难点问题，有针对性地、逐条逐项地进行对照检查，在确保案件实体公正的前提下，自觉强化“效率也是公正”的责任意识，准确、高效地履行好法律赋予的审判职责。二是要加强审限意识。法官在审限内审结每一起案件，既是社会对法院审判工作的要求，同时也是法官的法定职责之一。因此，法官要牢固树立“违反审限规定就是违法”的理念，尽最大努力提高案件的当场立案率、按时送达率、按期诉讼保全率、按期开庭准确率、当庭宣判率、及时评议率、审限内结案率等比例，做到案件的收、结、存的良性循环。三是要加强市场意识。市场经济追求的是效率与效益，一个案件若无正当理由不能在法律规定的审限内结案，即使判决结果公正，但从效率上来讲对当事人也是不公正的。因此，法官也要有市场意识，树立公正与效率并重的观念，用最短的时间、最少的投入，公正、高效地审结每一起案件，尽可能地缩短案件审理期限，以满足社会对法院工作的效率要求。

第六，加大管理力度，完善审限制度的管理体系。审限管理是流程管理的一项重要内容，完善审限制度的管理，关键在于要按照审判工作的规律，调整和理顺职能部门与审判庭之间的关系，全方位、多角度地形成合力。一是职能部门要加大管理力度。《审限制度》第 21 条规定：“各级人民法院应当建立审理期限届满前的催办制度。”第 22 条又规定：“各级人民法院应当建立案件审理期限定期通报制度。”笔者建议，应根据上述规定指定审限管理的职能部门、落实专门合议庭或部门或专人全面负责法院各类超审限案件的管理，对当月即将到审限的案件逐案逐件地予以检查，对可以按期结案的或难以结案的案件，必须做到胸中有数；对有些通过努力，可以结案的案件，应提示合议庭或主审法官予以高度重视，在审限内准时结案；对一些在审限届满前难以结案的案件，事先必须予以催告，并每月形成一份有数据、有情况、有分析的专项通报，报送法院领导和有关合议庭。二是要抓住审限管理的节点，对审限实行全方位的动态跟踪管理。严格按照法律或有关规范性文件规定的各审判节点的期限，检查各合议庭落实审限的具体情况和立案移送、合议庭评议、裁判文书制作、申报延长手续等方面是否符合期限的要求。三是要拓宽审限管理的外延，对由公告送达、审计、鉴定、管辖异议等客观原因引起的法定超审限案件，应加强动态跟踪管理，根据案件超审限的事由，定期或不定期地向有关专业机构了解工作进展，法定客观原因消除后，合议庭应当立即恢复对案件的审理；对主要系案件疑难复杂等原因引起的超审限案件，建议可及时采取审判长联席会议、书面请示上级法院、开专题研讨会等多种形式，开拓破解难案的思路，借用他人的智慧，提出案件处理意见，“合力”审结疑难、复杂案件。

第七，深化审判方式改革，完善简繁分流，提高审判效率。效率是司法改革的重要价值取向之一，审判实践中，影响诉讼效率的最直接、最主要因素就是程序的设计。在程序制度上，我们要坚持不懈地探索能够反映司法效率的简便、高效的诉讼模式。根据目前案件的实际情况，应进一步完善实行简繁分流，让绝大多数案件尽可能地适用更加快捷、方便的诉讼程序。毕竟，只有少数案件才需要经过法律规定得比较完整的程序。其一，扩大简易程序的适用范围。基层法院受理的绝大多数案件都是案件事实在起诉时就很清楚的案件。对此，应当修改《民事诉讼法》中关于简易程序的规定，进一步扩大简易程序的范围。其二，根据法官业务水平的高低，分配难易程度不同的案件。检验法官业务水平的高低，可以通过公开竞争审判长、法律素质考试、公开开庭评比等形式进行。因人分案制度一定要以实际水平，而不是单纯以法官等级或行政职务为准。其三，真正落实庭前证据交换制度和庭前调解制度。实行庭前证据交换，在明确争议焦点的基础上，就可以由法官助理而不是法官进行调解。其四，简化繁琐的程序，减少不必要的程序。扩大支付令和简易程序的适用范围，减少适用普通程序案件的数量。真正落实合议庭和独任审判员的职责，减少案件的层层把关、请示。对案件审理报告等费时费力却又价值不大的法外程序，应当予以取消。其五，进一步改革裁判文书。裁判文书改革的重点是“加强对质证中有争议证据的分析、认证”。因此，对当事人无争议的事实无须质证分析，只要说明即可。调解书则应当尊重当事人的意思自治，只要不违背法律，即应予以认可，无须进行过多的说理分析。另外，相关部门要通过强调当事人的举证责任，提高当事人的法律意识，使法官将主要精力放在开庭审理上；要不断完善证据规则，制定出有关当事人举证、质证、认证、法院调取证据的审查认定等较为具体的规则。

五、结论

民事诉讼期间制度在整个民事诉讼制度体系中虽然是一个很不起眼的小制度，但它内容庞杂，所包含的具体制度种类繁多、涉及面广。同时，作为一种诉讼保障制度，民事诉讼期间制度与周边相关制度关联得相当紧密，其制度的构建与完善无不是与周边相关制度博弈的结果。由此，民事诉讼期间制度不仅仅是一个程序上的问题，它还涉及许多实体法内容，仅靠以上论述是无法深刻而具体地从整体上把握民事诉讼期间制度的。因此，本书对民事诉讼期间制度只进行了一些粗略的综述，还有许多问题需要进一步的探讨。再如，对民事诉讼期间的具体制度选取是否有代表性，尚需进一步斟酌。民事诉讼期间的具体制度的完善是“牵一发而动全身”的，它必然引起周边相关制度的动荡，笔者的完善建议是否周全还需进一步论证。

/ 第六章 / CHAPTER6

民事诉讼证据定义新探

——“材料说”的重新提倡

一、问题与路径

证据的定义，在诉讼法学（或证据学、证据法学）中是一个非常重要的问题。给证据下一个科学的定义，有助于我们深入认识诉讼程序的构造和运行规律。对此，美国学者 E. 博登海默认为，概念乃是解决法律问题所必需的和必不可少的工具。没有限定严格的专门概念，我们便不能清楚和理性地思考法律问题。没有概念我们便无法将我们对法律的思考传递给他人，也无法以一种可以理解的方式把这些思考传达给他人。〔1〕按照笔者的理解，什么是证据并非是一个孤立的问题，而是牵涉证明主体、证明责任、诉讼目的等基本问题的重要连接点，可谓“牵一发而动全身”。从目前的研究情况来看，我国学者在证据定义问题上存在很大分歧。

我们都知道，概念属于思维的范畴，要遵守形式逻辑的规则。同时，概念又有摹写和规范现实的作用。〔2〕然而，很多研

〔1〕［美］E. 博登海默：《法理学——法律哲学与法律方法》，邓正来译，中国政法大学出版社 1999 年版，第 486 页。

〔2〕详见彭涟漪主编：《概念论——辩证逻辑的概念理论》，学林出版社 1991 年版，第 74 页以下。

究者在分析这一问题时，强调逻辑但却往往违反逻辑；重视理论联系实践，却经常无视实践中人们的做法和思维习惯，在论证自己的观点时，容易先入为主地认定其为真，并作为论证的前提，[1]这样的研究很难让人信服。

证据在一般意义上，应该是一个中性词，其适用范围很广，当某一事物或某一主张被他人质疑的时候，有关人员就需要拿出相关的事实材料来证明该事实、主张存在（成立）或不存在（不成立）。诉讼程序、仲裁程序、行政程序等法律领域中的有关主体都在使用证据，要准确把握证据的定义，我们便有必要对这个概念进行限制。从概念的外延关系上讲，证据包含诉讼证据、仲裁证据、行政程序证据，而诉讼证据中又包含民事诉讼证据、刑事诉讼证据、行政诉讼证据。基于三大诉讼程序的不同构造，究竟“什么是证据”，应当有所区别。笔者认为，我们有必要考虑将如下三个问题作为衡量证据定义合理性的标准：

第一，目前的定义能否合理地解释诉讼实践，是否符合人们的思维习惯？

第二，这些定义是否符合基本的程序法理？

第三，这些定义在整个证据理论体系中是否协调一致？

以此三个问题为中心，本书选取了民事诉讼领域中的证据

---

〔1〕 比如中国人民大学法学院汤维建教授的著名论文《关于证据属性的若干思考和讨论——以证据的客观性为中心》中，开篇即认为“证据的属性、证据的特征、证据的构成要素、证据的形成条件、证据的判断标准等等，都是等义的说法，都是一个意思”。随后，在分析证据的客观性过程中没有经过充分的说明就认为“界定证据概念的内涵应当在定案的根据意义上刻画它的构成要素和基本属性。故而，证据可以作为定案证据的替代性说法，严格意义上所说的证据就应该是定案根据意义上的证据”。文章的分析很精辟，但在逻辑上却存在问题。参见汤维建：“关于证据属性的若干思考和讨论——以证据的客观性为中心”，载《政法论坛》2000年第6期，第129页、第136页。

问题作为研究对象，在研究方法上，既有逻辑上的分析，又有实证方面的具体考察，强调从诉讼主体和诉讼程序两个角度对证据定义进行反思，并试图论证民事诉讼证据就是当事人在诉讼程序中提交给法院，用于证明案件事实的一切材料和法院在诉讼程序中依职权调查所得的材料。

二、证据的本质是“材料”

概念反映的是事物的本质特征，一个科学、合理的证据定义，自然也要符合“证据”在诉讼程序中被各方主体认可和使用的情况。但目前我国学者的许多观点，都不同程度地脱离了实际存在的运用过程，即使提到了在诉讼程序中实际是如何运用、审查、判断证据的，也没有把对证据的认识统一起来，从而陷入了自相矛盾之中。[1]为了避免这个问题，笔者首先根据民事诉讼的一般流程，构建了一个证据的形成和展示的基本模型，以便为下面的分析奠定基础（该模型根据实践中的诉讼逻辑构建出来，可以说具有相当的普遍性）：

第一阶段：案件“事实”发生→“证据”形成。

第二阶段：当事人选择利用诉讼解决纠纷并启动诉讼程序（当事人讲述事件经过与要求、提供证据）→当事人（或律师帮助）选择证据、组织证据、提出建议、主张并将其与法律糅合→起诉（提出主张事实与诉讼请求）。

---

〔1〕比如，很多学者坚持认为，只有法院最终用作定案依据的所谓“证据”才是证据，当事人所举的并非是真正意义上的证据，只能是所谓“证据材料”，但是在自己理论体系中却并没有把这个观点坚持到底，在阐述举证、质证、认证时，所有的对象都成了“证据”，没有加以区分。可见，在他们的心目中，实际上还是认为这些东西仍然是证据，而非其他。对此，可以参见江伟主编：《证据法学》，法律出版社 1999 年版；何家弘主编：《证据法学新编》，法律出版社 2000 年版；陈一云主编：《证据学》（第 2 版），中国人民大学出版社 2000 年版的相关部分。

第三阶段：开庭审理（当事人当庭举证、质证，并由此影响法官接受或采纳事实主张）。

第四阶段：法官采信“证据”→形成“心证”事实→法院认定法律事实→裁判并做出法律文书。

证据的定义是要说明什么是证据，自然需要遵循基本的逻辑规律。在形式逻辑中，定义概念最常用的方法是属加种差，其表现形式为“证据是（加限定语）的××”。准确定义证据，需要找到证据概念的属概念。目前，我国主流证据理论有认为证据是事实的“事实说”和认为证据是证明的根据的“根据说”——是两种支持者众多的观点。〔1〕然而，从下定义的逻辑方法和民事诉讼程序的运行机制来看，这两种观点都存在明显的缺陷。

（一）证据与事实

一直以来，证据就是能证明案件真实情况的一切事实的观点非常盛行。到现在，也还有学者为此进行论证。〔2〕在这个定义中，证据是被定义项，事实是用来定义证据的，但我们都知道，证据是用来证明案件事实的，事实在语义上是指“事情的真实情况”，〔3〕因此，用事实来构筑证据概念，无论如何都是不妥当的。既然证据本身即是事实，有了证据，案件事实自然也就有了，无须再质证、认证。这种观点明显违背了我们对证据功能的最起码认识。从目前的研究成果来看，学者们大多赞同把事实定义为用一种易陈述或命题的方式来表达的判断，即

---

〔1〕 参见闵春雷：“证据概念的反思与重构”，载《法制与社会发展》2003 年第 1 期。

〔2〕 参见裴苍龄：“论实质证据观”，载《法律科学·西北政法学院学报》2006 年第 3 期。

〔3〕 中国社会科学院语言研究所词典编辑室编：《现代汉语词典》，商务印书馆 1983 年版，第 1052 页。

“事实是人对呈现于感官之前的事物或其情况的一种判断，是关于事物（及其情况）的一种经验知识亦即是关于客观事物的某种判断的内容，而不是客观事物本身”。[1]根据这种解释，证据显然是不可能被等同于事实本身的。实际上，从另一个角度看，只要承认在实践中存在上述提供证据、审查证据的过程，把证据界定为事实，就是完全不符合“事实”的。

尽管如此，我们还是需要仔细分析“证据”不同形态的内容是否都不是“事实”。在传统证据理论中，证据可以被分为言辞证据和实物证据两类，实物证据明显属于物质层面，不是事实。但若认为言辞证据不是事实，尚需研究。更进一步而言，当事人、证人、鉴定人对案件事实的陈述（判断）在我国法律中被认为是一种“证据”，但从他们陈述的内容来看无疑是一种“事实”，对此应如何解释？笔者认为，我们在认定他们的陈述（判断）时，需要注意此种证据的两面性。这种证据在实际的内容上尽管都是对案件事实的陈述或判断，但它们在诉讼中始终都是由某种外在形式表现出来的，或者是书面，或者是本人的口述，因此，诉讼中首先把它们归入的是“物的范畴”。可见，我们认为它们属于证据，是就其整体而言的，如果因为言辞证据所表达的内容属于事实而否认其客观物质性，显然是不符合诉讼实践的。

否定了证据是事实，并没有最终解决问题，定义证据必须要把证据具体化。事实在形式上是一个抽象的概念，而在内容上又是具体事物的反映。特定案件的事实的出现必然要伴随着具有法律意义的主体、客体、行为、时间、地点、空间等一切必要的事实要素。而证据只是事实发生的物质或材料的反映，

---

〔1〕 彭漣漪：《事实论》，上海社会科学院出版社 1996 年版，第 3 页。

是认识和反映事实的根据，而不能成为事实本身。〔1〕稍有诉讼实践知识的人都应该明白，在诉讼中，当事人发现、收集证据，法官审查、判断证据都是针对某些特定“物”而言的，案件事实的构建也是通过对“证据”的解释和说明得到重现的。在这个基础上，证据应当是可以被诉讼主体感知和运用的实际存在于物质世界的“东西”，〔2〕它在诉讼中对各个主体而言是有具体指向物的。

（二）证据与证明的根据

在目前的各种证据定义中，持“根据说”者占了相当多的部分。“根据说”认为，证据就是证明案件事实或者与法律事务有关之事实存在与否的根据。〔3〕这种观点试图避免传统“事实说”所带来的所有证据都为真实的认识，其立场是中立的。因为，既然是根据，那就有可能是真的，也有可能是假的。应该说，这种观点有一定的见地，但如果仔细思考我们却可以发现，说证据是证明的根据，那什么又是根据？根据本身也是个抽象的范畴，“根据说”等于什么也没有说明，不把“根据指什么”搞清楚，人们对于证据的理解就不会具体化。〔4〕“根据说”没有涉及诉讼证据运用的时空条件，无法根据这个定义知晓证据的运用主体，也不能判断证据运用的时间条件。“根据说”的缺

---

〔1〕 毕玉谦：《民事证据法及其程序功能》，法律出版社 1997 年版，第 8 页。当然，按照裴苍龄老先生在《论实质证据观》一文中的观点，这属于反映论，在哲学上是认为认识决定存在的唯心论，是不科学的。然而，裴苍龄老先生的观点似乎是有理的，但却是对唯物主义进行了形而上学的理解，认为证据是案件事实的反映，并没有违反唯物主义的基本原理，因为证据本身也是一种客观存在。

〔2〕 熊志海、张步文：“证据—证据信息—证据事实”，载徐静村主编：《刑事诉讼前沿研究》，中国检察出版社 2003 年版，第 58~59 页。

〔3〕 何家弘主编：《新编证据法学》，法律出版社 2000 年版，第 99 页。

〔4〕 裴苍龄：“论实质证据观”，载《法律科学 · 西北政法学院学报》2006 年第 3 期。

陷在于试图用简单、生活化，但欠准确、明了的概念来定义证据，容易导致证明标准的降低，难以揭示证据的本质特征 。〔1〕可见，“根据说”并没有把究竟什么是证据说清楚，证据是必须要有可理解的具体对象的。

（三）证据的本质是“材料”

既然肯定了证据是存在于物质世界的“物”，那我们又如何对这种“物”加以描述呢？从哲学的角度看，在实践活动中，一定的客观对象与我们发生内在的关系，这就会在我们的意识中引起“某物存在”的观念，为了进一步认识这个存在物，我们需要借助一定的语言符号将其标示出来。〔2〕既然证据的运用活动是实际存在的，那么证据究竟要如何表述出来？毕竟，不管当事人把什么东西提交给法院作为证据，它都必须要有一定的形态，或者是实物形式，或者是人的言辞形式。在当事人和法官的心中，当事人自己提交的那个“东西”就是证据，而非其他。笔者认为，把证据最终的形态，用生活中常用的“材料”这一用语来指称，既涵盖面广，也更容易让人理解。

主张证据是一种“材料”，在理论上早已遭遇挑战。比如，理论上就有一种观点认为，证据是“资料”而不是“事实”，即将证据“资料”与证据“事实”（将证据的形式与内容）割裂开来。其实，证据既是“资料”，又是“事实”，形式上是“资料”，内容和实质上是“事实”。可见，将证据在本质上定义为一种“事实”，无论在诉讼、逻辑证明理论上，还是在实务上，都是无可非议的。〔3〕笔者认为，这种观点值得商榷。其看

---

〔1〕 闵春雷：“证据概念的反思与重构”，载《法制与社会发展》2003 年第 1 期。

〔2〕 彭漪涟主编：《概念论——辩证逻辑的概念理论》，学林出版社 1991 年版，第 158~159 页。

〔3〕 刘金友主编：《证据法学（新编）》，中国政法大学出版社 2003 年版，第 85 页。

到了证据在形式上具有物的特征（资料与材料在某种意义上具有同一性），值得肯定，但由此又回到“事实说”的老路上去，因此很难让人信服。且不说，这一观点对于事实理解可能失之肤浅，单就其论述的理由来看，其并不符合诉讼理论和诉讼实践。按笔者的理解，实质和内容当然需要通过形式来体现，如果只关注于所谓的实质而抛开形式，实质其实是无法存在的。“案件事实”究竟是怎样的，在诉讼中总要经过一定的程序后才能得到确认，而如果认为事实都是真实的，证据是事实的话，就无须经过这样一个程序了。反之，如果从形式上定义证据，诉讼程序中对于证据的举证、质证、审查判断活动便都可以得到合理解释，而且也更符合人们的思维习惯。

从证据理论的发展历史来看，“材料说”并非是新说。笔者认为，在证据的本质意义上，“材料说”是值得肯定的。因为材料一语为大多数人所接受，而且属于物质层面的范畴，能够涵盖证据的本质意义。实际上，即使是“根据说”的力倡者何家弘教授，在其著作中也不得不承认“实际上，证据本身就是各种材料……”这样的表述表明，他们也无法否认证据就是材料的认识。〔1〕我国著名民事诉讼法学者常怡教授在其主编的教科书中即采用了这种观点（尽管笔者并不完全同意其具体表述），认为民事诉讼证据是指能够证明民事案件事实的各种材料。〔2〕

在此特别需要指出的是，本书所认为的“证据是材料”，不同于相当一部分人所持的“证据材料和证据”两分观点中的“证据材料”。持这种观点的学者认为，他们所说的证据，应该与定案的证据是同一概念，凡是未经查证属实的物证、书证、证人证言

---

〔1〕 何家宏、刘品新：《证据法学》，法律出版社2004年版，第109页。

〔2〕 常怡主编：《民事诉讼法学》（修订版），中国政法大学出版社2005年版，第189页。

等各种证据形式，统统称为证据资料，或称证据材料。[1]这种观点的缺陷是显而易见的。如认为证据表现为材料没错，也符合实际，但区分证据材料与证据却根本没有实践基础，完全属于主观臆造。试问，在诉讼中有哪一方主体会认为，自己、对方所举的“证据”，只是“证据材料”，而在法官最终采信后才演变为了“证据”？诉讼是一个动态的连续过程，那么最终“定案”究竟是在什么时候？这样给“证据”一词以不同解释，也使得我国诉讼立法有关证据的规定陷入了“偷换概念”或者违背同一法律的尴尬境地。[2]比如，同样一份证人证言，如果仅有部分被受诉法院采信，部分没有被采信。那总不能认为，它既是证据也不是证据，或者是有一部分是证据，有一部分不是证据。显然，只有从形式上理解证据，全部承认其证据身份（资格）才能解决这一问题。

谈到证据的表现形式，笔者想附带解释一下我国《民事诉讼法》中所规定的证据形式问题。很多学者认为，诉讼证据的形式应当合法，即依据有关的法律规定，作为证明案件事实的证据材料形式上应当符合法律要求，如果不符合法律的要求，则不可以作为诉讼证据，[3]即证据在形式上应当（或者说必须）具备合法性。笔者认为，这种认识随着时代的发展是值得商榷的。从原理上分析，对证据形式进行列举式的规定，本身就不科学。因为，新的证据形式肯定会不断出现，在立法中规定证据的形式，无异于以有限之能力去完成无限之任务，实不足取。就我国法律的相关规定而言，并没有明确说，凡不符合

---

〔1〕 樊崇义主编：《证据学》（第2版），中国人民公安大学出版社2003年版，第59页。

〔2〕 参见张卫平主编：《民事证据制度研究》，清华大学出版社2004年版，第8页。

〔3〕 江伟主编：《证据法学》，法律出版社1999年版，第212页。

法定形式的证据，就不是“证据”（如禁止使用）。司法实践中，如果真的出现所谓不符合法定形式的证据，当事人和法官仍然会把它当作“证据”对待，即使最终它可能会被排除掉。因为不经一方当事人举证、对方当事人质证、法官审查，又怎么能判定某项“证据”符不符合法定形式呢？典型例证便是，当理论界还在争论“电子邮件、手机短信能否作为民事诉讼证据，以及它们进入诉讼应当归入哪类证据范畴”时，诉讼实践中，这类“新证据”已经“堂而皇之”地在诉讼程序中取得了证据的“待遇”。由此可见，认为只有符合法定形式的证据才是证据的观点，完全没有实践基础。

三、证据与诉讼程序、诉讼主体

前面，我们通过对有代表性的一些观点进行分析，指出了证据在本体意义上属于“物”的范畴，并主张用“材料”来指称证据。但是，要想比较准确地定义证据，仅仅认为证据是一种材料还远远不够，我们需要进一步说明，民事诉讼证据在诉讼程序中的实际运用情况。

笔者目前所能接触到的许多证据定义都非常强调证据功能和目的，过多地从证据的实体属性上分析，而忽视了证据的程序性，从中无法看出究竟是谁在运用证据，证据的运用过程是怎样的。这导致我们在判断什么是证据时难免顾此失彼。恰如有的学者所指出的：“诉讼证据是在诉讼中使用的，因此，作为诉讼证据的概念，应当反映出诉讼主体、诉讼阶段甚至一个国家的诉讼体制这样的内容 。”[1]根据笔者的实际诉讼经验，我们可以从如下两个方面具体考察民事诉讼程序中证据的运用情况：

---

〔1〕 史立梅：“程序视角下的刑事证据概念”，载《社会科学研究》2004 第 3 期。

（一）证据运用的层次性

从民事诉讼程序的运行过程中我们可以看出，民事诉讼证据的运用存在一个时间期限，即从当事人提供证据到法院最终认定证据，是一个当事人举证、质证到法官认证的动态过程。在这一过程中，存在着当事人提出“证据”的起点，与法官最终认定“证据”并作出裁判的终点。以此程序运营情况为基础，我们实际上可以把民事诉讼程序中的证据分为“审理证据”和“裁判证据”两个不同的层次（阶段）：审理程序中使用的证据和法官裁判时所采纳的证据。在我国主流证据理论中，证据被认为是“能够证明案件真实情况的一切事实”，联系诉讼证据的实际运用过程我们可以发现，这种认识明显存在问题。

“事实说”只承认法官在裁判时所认定的证据才是证据，它实际上是把证据等同于法官的裁判依据。根据这种观点，一切证据都是真实的，而虚假的、违法的证据都不是证据，但它却不能解释，在审理程序中各个诉讼主体所使用的究竟是不是“证据”。如果是，则与自己的定义不相符合。审理过程中往往有很多证据，会因为各种原因而被排除掉，因为它们在法官看来是不能证明案件的真实情况的。如果不是，那些在审理中实际被使用的“东西”又是什么呢？显然，“事实说”在前面的诘问中，陷入了尴尬境地。它经不起诉讼实践情况的考验，因为任何证据不经举证、质证、认证，又怎能判定它是否真实呢？而且，即使在诉讼程序中经法官认证后的证据，也很有可能在客观上是“虚假”或“违法”的。而“根据说”所主张的证据是证明案件事实存否的根据，也有很大的问题：它没有反映出证据的运用主体和运用阶段，导致证据范围过大。这种观点很容易受到以下质疑：是否任何人用来证明案件的事实或者与法律事务有关之事实存在与否的任何根据都可以作为根据，案外人在诉讼之外关于案件的任何评论是否都可以作为诉讼证据？[1]显然“根据说”“一网打尽式”的表述，实在是有些欠准确。

鉴于“事实说”与“根据说”存在上述问题，笔者主张，我们可以从审理证据角度理解证据，即所谓证据就只是用来证明案件事实，而非能够证明案件事实的材料。这种认识既符合人们的观念，又避免了“事实说”与“根据说”所带来的缺陷。

从民事诉讼程序的进程分析，不管是英美法系的民事诉讼还是大陆法系的民事诉讼，诉讼程序都因为原告起诉而开始，对原告的起诉几乎没有设定什么条件，非常的宽松，仅仅是要求起诉时原告向法院提出符合法定要求的诉状，而且，不由法官对原告的诉状进行实质审查，而是通过简单的登记程序确认原告的起诉行为和效力，对原告的起诉是否成立、登记程序的主体不具有自由裁量权，原告的诉讼权得以保障。[2]在这种本质上属于当事人主义的诉讼机制中，只要当事人主观上有运用某项材料证明自己主张的意愿，其就可以将其作为“证据”提供给法院。在这个意义上可以说，“证据”在诉讼程序的启动阶段，是由当事人提出并引进诉讼的，其目的就是证明自己的主张，而非是在结果上能够证明自己的主张。就算是法院在诉讼中依职权调查取得的证据，也只是用来证明案件事实，而非一定就能够证明案件事实。根据《民事诉讼法》的有关规定，任何证据不经过当事人双方质证，不能作为定案依据，法院调查的证据也不应当例外。[3]即使认为当事人所提交的“证据”不符合法律规定的条件，也需要经过法定证据调查程序后才能定

---

〔1〕 史立梅：“程序视角下的刑事证据概念”，载《社会科学研究》2004 第 3 期。

〔2〕 参见左为民等：《诉讼权研究》，法律出版社 2003 年版，第 87 页。

〔3〕 持这种观点的学者较多。对此可以参见何家宏、刘品新：《证据法学》，法律出版社 2004 年版，第 244 页。刘金友主编：《证据法学（新编）》，中国政法大学出版社 2003 年版，第 312 页。

夺。就像易延友教授当年所说的："即使不合法的证据不能进入法庭，该证据也仍然是证据，而不是别的东西。"〔1〕如果先入为主地认为"证据""真实证据""定案证据"系同一概念，完全忽略了认定是否可以作为定案依据必须经过法定程序，这样不仅在逻辑上无法自圆其说，而且也不符合诉讼的实际情况。

综上所述，证据在民事诉讼中，可以被分为审理证据与裁判证据两个层次，为了使证据定义具有包容性和准确性，以审理证据为基准，把证据界定为用来证明案件事实的材料是妥当的。

（二）证据与诉讼主体

在笔者所接触到的有关证据定义中，一般不指明使用证据的主体，或者是把当事人和法院都列为证据的主体，或者是只列明法院等司法主体。比如，具有代表性的一些观点就认为，民事诉讼证据是指能够证明民事诉讼案件事实的一切根据和方法；〔2〕民事诉讼证据是指能够证明民事案件真实情况的客观事实；〔3〕诉讼证据就是司法人员可用以证明案件真实情况的各种事实。〔4〕

笔者认为，证据定义中没有指明使用的主体或者把当事人和法院都列为主体，是导致我国证据理论长期对于什么是证据存有争议的一个重要原因。概念本身具有主观性，定义概念体现了主体对不同现实状况的认识。对于不同主体而言，所谓"证据"当然有不同意义，不同主体在诉讼程序中，因"证据"而产生的权利义务关系也有很大差别。在民事诉讼领域中，当事人要提出对己方有利的"证据"，反驳对方提出的"证据"，而法官则要审查判断双方提出的"证据"和发表的意见。在这

〔1〕易延友：《刑事诉讼法》（第2版），法律出版社2004年版，第251页。

〔2〕谭兵主编：《民事诉讼法学》，法律出版社2004年版，第224页。

〔3〕柴发邦主编：《民事诉讼法学新编》，法律出版社1992年版，第195页。

〔4〕陈一云主编：《证据学》（第2版），中国人民大学出版社2000年版，第104页。

种情况下，如果不指明证据的使用主体，就无法体现其功能和价值取向；就会混淆不同层次的问题，使得证据的定义出现矛盾和冲突。目前，民事诉讼证据定义中的显著缺陷是混淆了证据的不同层次，将诉讼证据等同于法官的“判决依据”，从而导致民事诉讼证据概念在外延上的狭隘化，犯了以偏概全的逻辑错误。它的另一个重大失误是，人为地缩小了提供证据主体的范围，在将“当事人”这一主要主体从提证、运用主体中排除的同时，又不恰当地将法院（审判人员）作为提供、运用证据的主要主体。准确定义证据，必须对诉讼主体在运用证据的实际情况有所反映。

1. 法院不是证明主体

民事诉讼程序中，只有当事人才有权主张，那么提供证据来证明自己主张的责任，便只能由当事人来承担。而法院没有主张，当然也就不需要提供证据来证明什么，所以，民事诉讼中的证明主体只能是当事人，法院（法官）并不是证明主体。[1]这体现在证据的运用上就是只有当事人才有诉求，所以，他们才会举证和质证；法官作为中立裁判的一方，在诉讼证明活动中只是接受证明的主体。法官本身既无自己的诉讼主张，对争议中的案件事实也无既定的看法，更不会因为证明不力而承担任何败诉的风险。[2]事实上，法院在诉讼中只能是审查判断证

---

〔1〕 参见张卫平主编：《民事证据制度研究》，清华大学出版社 2004 年版，第 11 页。刑事诉讼法学者从证明责任与证明主体角度分析后得出了同样的结论。具体参见卞建林、郭志媛：“刑事证明主体新论——基于证明责任的分析”，载《中国刑事法杂志》2003 年第 1 期。

〔2〕 卞建林主编：《证据法学》，中国政法大学出版社 2000 年版，第 266~267 页。值得注意的是，目前的主流观点认为当事人和司法机关都是证明主体，但在对证明的描述中却毫无例外地把证明主体和证明责任联系起来，认为证明主体必然与证明责任联系在一起，但通过文中的分析我们可以看出，认为法院要承担证明责任的观点明显缺乏根据。

据，并最终根据当事人所提供的证据作出裁判。所以，定义“证据”时，应当主要以当事人在诉讼程序中是否提交证据为出发点，“证据”是当事人用来证明的东西，至于能否最终证明，那只能由法院依法审查判定。如果把法院最终是否将当事人的提交“证据”当作定案依据来区分证据与非证据的标准，就会导致以下无法解释的问题：案件的审理可能经过多级法院，每个审理案件的法院都可能作出不同的认定，那么，证据究竟什么时候才能确定呢？〔1〕总不能说同一份“证据”，一会儿是证据，一会儿又不是证据了吧？凭什么让法官一过目，原本只是证据材料的东西，就摇身一变成为证据了？

2. 法院在民事诉讼程序中的查证活动

如前所言，法院因为没有特定的主张且不承担任何风险而不是证明主体。但法院不是证明主体，并不意味着它在诉讼程序中无所作为。作为诉讼进程的指挥者，法院有自己的法定职责。在反思证据定义时，我们自然需要对法院在民事诉讼程序中的查证活动加以分析。

显然，法院基于民事诉讼“不告不理”原则，不能主动介入民事纠纷，只有当事人（原告）行使诉权，发动诉讼程序后，法院才可以取得审理案件的资格。法院在民事诉讼中的行为和当事人的行为有着本质的区别，这主要表现为法院的行为属于“查明”，而当事人的行为属于“证明”，〔2〕法院的查明是要让自己明白，查明活动没有接受的对象，范围也受到法律的限制。但当事人的证明活动与自己的主张联系在一起，而且总是针对法院（法官）做出，所以，区分两种不同行为的性质，对准确

〔1〕 张卫平主编：《民事证据制度研究》，清华大学出版社 2004 年版，第 8 页。

〔2〕 关于证明与查明的精彩论述，可以参见何家弘、刘品新：《证据法学》，法律出版社 2004 年版，第 196～197 页。

定义证据非常有必要。

从比较法的角度看，各国民事诉讼法中对于案件事实中的实体问题遵循辩论主义和处分权主义，法院不加以干涉。对于不直接涉及当事人对实体权利的处分权的程序问题，德国、日本等国家认为属于诉讼要件，基于公权说而原则上由法院直接依职权决定。而在法国与英美法系国家则采取彻底的当事人主义，完全把此问题交与当事人处置，由他们提出申请，最后由法官裁决。〔1〕在此大背景下，法院的活动范围较为狭小，即使要对诉讼要件依职权调查，其性质也属于查明而非证明。

在笔者看来，我国的有关规定基本实践了上述原理。根据《证据规定》的规定，法院调查收集的证据有三种类型：一是涉及可能有损国家利益、社会公共利益或者他人合法权益的事实；二是涉及依职权追加当事人、中止诉讼、终结诉讼、回避等与实体争议无关的程序事项；三是当事人申请人民法院调查收集的证据。从上述规定来看，第三种情形显然属于当事人运用证据的变通形式，并不是法院有什么主张。问题的关键在于，在厘清前两种情况的前提下，法院对证据的调查收集。

法院调查收集程序性事项的“证据”，针对的是属于法院诉讼指挥权的范围，由法院依职权进行，无需当事人主张（如诉讼中止或终结）；或者是发生于当事人与法院之间，而不是发生于当事人之间。这些事实只关系到当事人的诉讼权利是否得到充分保护，对能否解决纠纷并无影响（如回避、管辖权异议）。〔2〕这些“证据”与当事人提出的关于自己的诉讼主张实现与否的

〔1〕 参见常怡主编：《比较民事诉讼法》，中国政法大学出版社 2002 年版，第 563 页。

〔2〕 参见张卫平主编：《民事证据制度研究》，清华大学出版社 2004 年版，第 112 页。

"证据"明显有很大不同。

对于法院调查收集的涉及可能有损国家利益、社会公共利益或者他人合法权益的事实"证据"，又做何解释呢？尽管此种调查活动不仅在法理上难以找到依据（违背了法院的中立性），而且在整个法律体系中也与其他制度不相协调（或者是超越了法院的职权，或者是没有介入的必要），[1]但不可否认的是，在条件具备时，法院必然会实施这种调查活动，由此而得来的"成果"，不被称为"证据"，又能被称为什么呢？

综上，通过对于民事诉讼程序中法院在运用证据时的地位与具体范围的分析，我们可以得出的结论是，法院的查证活动与当事人举证证明自己的诉讼主张，在范围与目的上都有区别，一个准确的证据定义，需要如实反映这一复杂情况。

四、结论

通过前面的分析我们可以得出结论：证据并非事实，它是当事人和法官认定案件事实的工具和媒介；诉讼实践中，当事人运用证据来证明自己的观点和主张，法官审查判断当事人提供的材料，都必须有某种形式，但不必是所谓的法定形式。尽管在最终裁判中，当事人提交的"证据"可能会因为种种原因而被排除掉，但在这个过程中，事实上，它们都是被当作"证据"来对待的。可见，从案件审理阶段运用的证据来理解是妥当的。另外，法院基于案件审理的需要，可以依职权对相关诉讼要件进行调查，此种活动在性质上完全不同于当事人的举证活动，证据定义中应该包含此种情况。有鉴于此，从尊重人们的习惯思维和维持证据概念的逻辑周延性出发，我们可以把民

〔1〕 具体分析可以参见张卫平："论人民法院在民事诉讼中的职权"，载《法学论坛》2004年第5期，第15页。

事诉讼证据的概念定义为：当事人在诉讼程序中提交给法院，用于证明案件事实的一切材料和法院在诉讼程序中依职权调查所得的材料。

当然，需要指出的是，本书的结论仅仅是在分析了民事诉讼基本运行规律的基础上得出的，要想全面论证本书的观点，还需要在更为广阔的背景下进行考量。比如，针对证据定义与证据能力、证明力的关系等问题，就需要进行深入的研究。由于篇幅有限，便不多论述，但笔者会继续思考这一问题，同时也希望有更多的学者能对此有所关注。〔1〕

〔1〕 2012年《刑事诉讼法》第48条（2018年修订后的法律文本则为第50条）明确规定“可以用于证明案件事实的材料，都是证据”。这一改动与笔者的基本观点大致吻合。不过，应当看到的是，以“材料说”界定证据概念，忽略了证据的多重含义，有简单化并以偏概全之嫌。按照龙宗智教授等刑事诉讼法学者的理解，其缺陷主要在于忽略了“事实证据”，不能准确表达言辞证据的形式，并且也不能表达“情态证据”等丰富的证据内容。参见龙宗智、苏云：“刑事诉讼法修改如何调整证据制度”，载《现代法学》2011年第6期。在言辞证据问题上，陈瑞华教授也表达了基本相同的看法：这种将证据定义为“证据材料”的方式，明显地具有偏重实物证据和笔录类证据的嫌疑，大大忽视了当庭言词陈述的重要性。作为言词证据，证人证言、被告人供述和辩解、被害人陈述以及鉴定意见都可以同时包含着两种证据形式：一是庭前言词证据笔录，包括庭前证言笔录、被告人供述笔录、被害人陈述笔录和书面鉴定意见；二是当庭言词陈述，如证人当庭证言、被告人当庭供述或辩解、被害人当庭陈述以及鉴定人当庭证言等。考虑到证人、鉴定人、被害人出庭作证的情况较少发生，刑事法庭采纳的大都是庭前言词笔录，因此，立法者想当然地将证据定义为“证据材料”。同时，鉴于被告人当庭所作的翻供或者辩解，通常难以为法庭所采纳，被告人所作的庭前供述往往被转化为法庭定案的根据，因此，立法者误以为被告人供述都是以笔录材料的形式作为证据使用的。参见陈瑞华：“证据的概念与法定种类”，载《法律适用》2012年第1期。

/ 第七章 / CHAPTER7

法院依职权调查取证

《民事诉讼法》第64条规定，当事人对自己提出的主张，有责任提供证据。当事人及其诉讼代理人因客观原因不能自行收集的证据，或者人民法院认为审理案件需要的证据，人民法院应当调查收集。这条规定确立了我国民事诉讼以当事人举证为主，人民法院调查取证为辅的诉讼模式，即采用职权主义与当事人主义相结合的混合式诉讼模式。[1]这一模式既强调了当事人的诉讼权利，又体现了现代民事诉讼立法的公正与效益的价值取向。然而，人民法院在某些特殊的情况下，有依职权调查取证的职责，但在理论上和审判实践中尚存在一些问题需要解决。

一、依职权调查取证是否为人民法院的主要职责

人民法院是国家的审判机关，其主要职责是依照法定程序，审核证据材料，并以此查明案件事实，认定法律关系，正确适用法律，从而作出相对公正的裁判，故人民法院的主要职责是审核证据而非调查取证。

---

〔1〕 赵立春、胥耘荆："民事审判方式改革的两个问题"，载《当代法学》1999年第5期。

(一)从举证责任的主体来看

举证责任是指在民事诉讼活动中当事人对自己的主张所依据事实的真实性，负有提供证据加以证明的责任。根据《民事诉讼法》第64条之精神，学界概括出了“谁主张，谁举证”这一举证责任分担的基本原则。实践中一般认为，凡提出某种实体权利请求或要求法院确认某种法律关系存在的当事人应当对产生该权利或法律关系的法律事实负举证责任。其对于不存在阻碍该权利或法律关系发生的事实，不负举证责任。以产生某种权利或法律关系的事实不存在为由，反驳原告的诉讼请求的当事人应当对存在阻碍该权利或法律关系发生的事实负举证责任。而主张原本存在权利或法律关系已经变更或消失，或者是应当变更或消灭的当事人，只就存在变更或消灭权利或法律关系的法律事实承担举证责任。阻碍权利或法律关系变更或消失的事实是否存在，则由对方当事人负举证责任。因此，举证责任是当事人向法院履行的一种责任，并与一定的法律后果相联系，即负有举证责任的一方若举不出证据，则承担败诉的后果。而法院不是诉讼当事人，不主张任何权利，也不会承担任何法律后果。因为法院在案件中始终处于中立者地位，既无其诉讼主张，对案件的裁判结果也不具有利害关系，不会因其举证不能而承担不利的后果。而人民法院只是证明活动的主体，只对当事人提供的证据真伪、与案件有无关系和证明力的大小等加以认定，不负举证责任，只负证明责任。

(二)什么是法院的主要职责

在民事诉讼中，证明活动大致可以被分为三个阶段：证据材料的收集和提供；证据材料的审查核实；运用证据对案件事实作出认定。作为诉讼主体的法院和诉讼当事人，无疑都是证明活动的主要参加者，但在不同的证明阶段，他们所充当的角色和所起的作用是有所区别的。在第一阶段，收集和提供证据的工作应当主要由当事人来完成，法院只是在当事人收集证据遇到困难时给予协助，或是在当事人提供的证据材料不充分，难以据此对争议事实作出判断时，才介入调查收集证据的活动。当事人承担提供证据责任，有利于实现法院在证明活动中的职能。法院在证明活动中的主要职能是对当事人提供的证据材料进行审查核实，并运用经审核的证据对案件事实作出判断。为了有效地实现这一职能，至少需要具备以下两个条件：首先，应当保证法院将主要精力用于实现该职能的活动。为此，就需要明确规定收集和提供证据的责任应当由当事人而不是法院承担。其次，应当保证法院在对证据材料进行审核时能具有超然的立场，这是保障法院能够客观地审查核实证据所必需的。这就要求法院不要过当地、不适当地介入调查收集证据。因此，法官要对某一案件作出公正的裁决，主要是通过审核证据材料（与案件事实的关联性）对案件事实予以认定。并且，法官为此都集中在庭审当中，通过庭审调查、质证、辩论等程序来认定证据之效力，从而对案件作出较为客观、真实的判决。从《民事诉讼法》第 64 条之规定我们可以得知，在通常情况下，证据均应当由提出主张的当事人负责收集并向法院提供，而人民法院只在遇有两种情况（当事人及其诉讼代理人因客观原因不能自行收集证据或人民法院认为因审理案件而需要调查收集证据）时方可依职权主动调查收集证据。除此之外，则不能任意扩大收集证据的范围，否则便不利于法院的公正审判。

二、人民法院依职权主动调查取证存在的必要性

一些学者主张取消《民事诉讼法》第 64 条规定的法院依职权主动调查收集证据的方式，改由当事人提出申请，法院审查

决定是否应当由自己调查收集证据。也有些学者认为，不应取消法院依职权主动调查收集证据的做法，而应摆正法院主动收集证据仅仅是查明案情的一种辅助手段和补救性措施的地位。还有学者认为，举证和查证相结合是符合我国国情的，法院适时地主动调查收集证据也是必要的，对法院查证和当事人举证的范围不应作绝对的划分，需要进一步明确法院主动调查收集的证据是否需要质证。

司法程序是解决争议的最后一道屏障，由此可见，司法程序具有司法救济的重要作用，即任何当事人在不能通过其他方式保护自身的合法权益时，都可以通过诉讼程序并由法院作出公正的判决来保护其利益。《民事诉讼法》以“谁主张，谁举证”为原则，除举证责任倒置外，当事人的绝大诉讼请求都需要通过自身举证来证明其合法性，从而保护其合法利益。但是，由于现阶段我国人民在民事法律关系中保护合法权益的意愿不强，不注重收集证据，从而决定了在现阶段不能完全取消法院依职权主动调查取证的规定，否则就有可能产生法院“门槛”过高，群众发生民事纠纷不愿通过诉讼程序解决的现象。在实践中，有些证据当事人确实难以自行收集，如涉及国家机密、商业秘密、个人隐私的证据；国家机关、企事业单位不对外公开的资料——人事档案、存款情况、房地产资料；已经被对方当事人占有的证据等。对这些证据的提供，如果法院简单地以“不能举证”或“证据不够确实、充分”为由，采取一推了之的态度，将会使当事人的合法权益得不到及时、有效的司法救济，掩盖并加剧当事人之间的矛盾，是有愧于“人民法官”的称号的。因而，每个审判人员都应抱着对案件事实负责、对当事人负责的态度，从案件的具体情况出发，对确实需要由法院依职权调查的证据，应尽可能收集，以便妥善、公正地处理好每一个案件，平息纷争，化解矛盾，维护社会的安定团结。

此外，我国民事诉讼法要求，人民法院在审理民事案件时，应当查明案件的客观真实情况，以经过质证、认证的证明材料作为定案的根据。而这些证明材料（如国家机关的文件、银行的资料等）当事人是无法取得的；或者有的案件需要进行专门的鉴定和勘验，有的案件当事人提供证明材料互相矛盾、无法认定的，均需要人民法院依职权主动调查收集必要的证明材料，由审理案件的法官依职权进行。

笔者认为，在现阶段，当事人举证还受着诸多主、客观条件的限制，举证能力有限，且所提供证据材料的真实性、可靠性差，所以，人民法院依职权适当地调查收集证据仍然是有必要的。

三、如何完善人民法院依职权调查取证制度

人民法院职权调查取证制度的存在虽然看似可能与法官的中立原则相悖，但是，在我国当前的具体国情及制度下，是有其存在的合理性的。因而，如何规范人民法院在调取证据时的职权运用问题就非常关键了。

（一）进一步深化民事审判方式改革，改变“以事实为根据”观念的误区

“以事实为根据，以法律为准绳”一直是我国司法机关工作中所遵循的基本原则。长期以来，受传统的观念影响，法官对客观事实都要亲自调查，把主要精力放在调查取证上。况且，由于利益的驱动，法律事实（即证据所证明的事实）与客观事实（即事物实际情况）存在出入。如果一味地强调以事实为根据就必然会影响当事人举证的积极性，如果仅强调以证据为根据，则又会违背以事实为根据的法律原则。故笔者认为，“以事

实为根据”法律原则中的“事实”不应再是客观事实，而应该是证据所能够证明的事实。

民事诉讼法的首要目标是保护当事人的合法权益。这样，法院将不会盲目地去追求客观事实真相，导致违反法定程序的情况发生，且有利于当事人自由处分诉讼权利和实体权利，从而让程序合法公正（诉讼公正的一方面）保障实体的真实公正(即客观真实)，达到法律公正（程序合法才能保障实体真实），节约诉讼成本。

（二）进一步明确法院依职权调查取证的范围

对证据调查收集活动既应有原则性的规定，也应有范围界定，以便于司法实践的操作，如人民法院主动调查收集证据应秉着诚实信用原则，根据当事人掌握证据的难易程度来综合确定。应当严格限定当事人及诉讼代理人因客观原因不能自行收集证据的范围，并且由当事人及其诉讼代理人提出书面申请和提供收集证据的线索。

《最高人民法院关于适用〈中华人民共和国民事诉讼法〉的解释》（以下简称《民诉法解释》）将《最高人民法院关于民事诉讼证据的若干规定》（以下简称《证据规定》）中的人民法院依职权调查取证的界限作出了扩大的规定，并且规定了人民法院依职权调取证据的程序都是依靠当事人的主动申请启动的。尽管如此，在司法实践中还是因为相关立法规定的模糊不清导致出现了一系列的问题。因此，对于取证范围的规定要更加详细化、规范化，且要具有可操作性。

对于“可能有损”应当予以严格的解释，可以解释为相关证据已经有了初步的证据或者有迹象表明是可能对国家利益、社会公共利益产生损害的。对于“国家利益”以及“社会公共利益”在民事诉讼案件中应该如何定义，可以通过司法解释予以具体明确，避免留给法官过大的自由裁量权。

民事诉讼法明确列明了法院行使职权调查取证的权力界限，除了《民诉法解释》列举的依职权调查取证的情形外，只能依案件当事人的主动申请行使职权。《证据规定》中列举了人民法院可依申请进行职权调查取证的情形，其中存在产生问题的隐患就是最后一个兜底条款“因客观原因不能自行收集的其他材料”中所指的对“客观原因”判断标准的规定。在我国现行的民事诉讼法及其司法解释中，对当事人因“客观原因”不能收集中的“客观原因”规定得过于笼统，导致在司法实践中，当事人和案件承办人对“客观原因”的界定都有各自的看法。

（三）不断扩大和改善当事人及其律师等法律工作者收集证据的手段和程序

扩大当事人收集证据的手段，实际上是扩大了律师等法律工作者收集证据的权限，这就避免了当事人不能调查收集证据就由法官出面既调查证据又进行裁判的弊病。目前，当事人因客观原因不能自行收集证据，须由人民法院进行调查收集的情况中，大多数是由于当事人及其律师等法律工作者取证的权利的限制，如调查银行存款情况、房地产档案材料、企业工商档案材料的。只有赋予当事人及其律师等法律工作者相对广泛的取证权，同时改变行政机关的一些不规范、不透明的制度，规范取证的“社会环境”，才可以节约法院的人力和物力，体现取证过程中的当事人主义，又可以使法官将主要精力放在庭审中。当然，与此同时还要保证其取证权的合法权益有效实现，必要时，可以建立较为规范的法律保障机制及法律援助制度。

（四）完善举证时效制度

《民事诉讼法》第 64 条对当事人的举证责任进行了原则性的规定，但未对当事人举证责任的限制条件作出具体规定，从而造成司法实践中当事人对自己的主张应何时提出证据的随意性很大。为此，在完善举证时效制度的同时，我国应维护审判权威，规定不及时举证的法律后果。

（五）运用举证责任倒置

人民法院调查收集证据应按诚实信用原则来行事，对实际案件审判中遇到特殊情况的，可以运用举证责任倒置规则。在审判实践中，对虽依法应将举证责任加于某一方当事人，但对方当事人有故意毁灭或伪造证据，阻止他人作证或者指使他人作伪证的行为的，应以该方当事人违反诚实信用原则为由，将举证责任转由该方当事人负担。

（六）确立调查与审判相分离的制度

根据民事诉讼法的规定，合议庭可以根据审理案件的需要，依职权调查取证。这就给审判带来了一个问题，即合议庭对自己调取的证据在采证可能性上要高于当事人所举的证据，导致等级证据和诉讼不平等现象的出现。对此应加以改变：当事人向法院提出申请，在法院接到申请后，再作调查，建立调查与审判相分离的制度，即参加合议庭的审判人员不参与案件的调查取证，调查取证由合议庭以外的法官去完成。这样就最大限度地避免了等级证据和诉讼权不平等现象的存在。

（七）建立法官释明权制度

法官应当结合案件的具体情况，对于当事人应该收集哪些证据和怎样收集到有利于自己主张的证据做一些法律指引，并应当告知当事人举证不能导致的相应法律后果。当事人可以在举证的范围内向法官进行询问，法官有义务在申请的范围内做相关的陈述与说明。同时，应当制定较为全面的证据释明程序规定，使法官在证据方面的释明权更具有可操作性。

（八）明晰法院依职权调查取证的质证问题

质证是当事人的权利，是实现当事人程序参与原则的关键环节，对于程序公正和实体公正的实现意义重大。《证据规定》第 47 条规定："证据应当在法庭上出示，由当事人质证。未经质证的证据，不能作为认定案件事实的依据。"可见，所获取的证据都要经过当事人的质证，否则，便不能作为证据认定的案件事实。在未经质证之前，法院依职权调查收集的证据也不能直接作为认定案件事实的依据。对于人民法院依据法定职权而调取的证据，《证据规定》只是规定了应当在庭上予以出示，听取庭审双方的相关意见，必要时可以说明具体情况。这在司法实践中常常表现为：由法院依职权获取的证据在质证过程中，并未进行必要的质证，而只是在庭上进行出示，再经由审判法官予以说明，便可以作为法院认定案件具体事实的证据材料，从而导致质证环节流于形式。因此，在立法中，对法院依职权调取的相关证据，在质证环节的程序也有必要予以明确规定，即应当在法庭上予以出示，并且进行质证。对于当事人产生合理怀疑的证据，即使是法院依职权调取的证据，也应当准许当事人有提出异议的权利，并且，法院要认真审查当事人提出的异议，给出确定的说明。对证据提出异议的后果有两种：异议成立时，可以重新调查取证，再进行质证。异议不成立时，要向当事人说明不成立的理由，给出明确的答复。

总之，应明确当事人收集证据与法院调查取证的范围，合理分配举证责任，并把案件的结果与举证责任的履行相联系，从而激发当事人的热情，在一定程度上合理缩小法院查证的范围。应充分完善举证时效制度，强化律师等法律工作者的取证职权等。另外，在民事诉讼活动中，应充分体现当事人主义原则，使程序合法有效、公平公正，进而维护司法权威，确保司法公正。

/ 第八章 / CHAPTER8

业主撤销诉讼当事人研究

——兼评最高人民法院两个司法解释的相关规定

《物权法》第 78 条第 2 款规定："业主大会或者业主委员会作出的决定侵害业主合法权益的，受侵害的业主可以请求人民法院予以撤销。"这条规定明确赋予了业主对于业主大会或者业主委员会的不当决议享有撤销权（本书将该条所规定的诉讼简称为"撤销诉讼"），但法条中却没有任何有关撤销效果、撤销期限等关键问题的规定。尽管该规定被很多人津津乐道，然而不无疑问的是，业主如何能够撤销业主大会或者业主委员会的不当决定？《物权法》已经出台了十几年，然而，市面上流行的却多是若干"普法"性质书籍，对于《物权法》的规定究竟如何实现，还缺乏足够的研究。诸多书籍对此要么语焉不详，要么干脆予以回避，使得撤销诉讼几乎成了一个被人遗忘的地方。

法律作为调整社会生活的规范，必须对行为主体给以具体的指引才能实际发挥作用，《物权法》过于原则性的规定（仅仅以一个条文加来规定）在纠纷解决方面显然缺乏应有的实效性。在笔者看来，《物权法》第 78 条第 2 款的规定实际上牵涉到了民法以及民事诉讼程序中的诸多问题，尽管业主的撤销权规定在建筑物区分所有权中，但实体法上所规定的权利义务如果不经过具体的判决就只不过是一种主张或"权利义务的假象"，只有在经过法定程序产生出来的确定性判决中，权利和义务才能得到真正意义上的实体化或实定化。[1] 因此，对业主的撤销诉讼应当更多地放在民事诉讼背景下加以考虑。如果我们的民事诉讼程序无法对此予以积极回应，《物权法》的实施效果必然会受到影响。就像著名民事诉讼法学者江伟教授提出的那样："民事诉讼法学理论关注现实的程度不够，不能为审判实践提供切实可行的解决方案。" 有些现实问题，如"判决书的买卖""民政局为流浪汉维权"以及"业主委员会诉讼资格问题"等理应引起学者的注意和讨论。[2]实际上，特殊类型案件的民事诉讼问题早已经被民事诉讼法学者敏锐地感知到了。陈桂明教授等就在《中国法学》2008 年第 1 期中撰文指出，民事诉讼法所规定的诉讼程序实际上属于"程序总则"，民事诉讼案件的复杂性决定了程序的复杂性，不同的案件对诉讼程序的要求是不一致的。近年来发生的大量纠纷与民事实体法紧密相关，主要有以股东派生诉讼为代表的公司诉讼、劳动诉讼、网络侵权诉讼、知识产权诉讼等。这些由特定的实体法律关系而产生的特殊诉讼，其解决程序也具有特殊性。它们一般在诉讼主体资格、案件管辖、证据收集、举证责任的分配、审理程序等方面，显示出特别的要求，值得深入研究和探讨。[3]按照笔者的理解，这些特殊诉讼自然也应当包括《物权法》中所规定的业主撤销诉讼，对这种诉讼的研究和探讨具有很强的现实意义。

最高人民法院在 2008 年 6 月公布的《关于审理建筑物区分

---

〔1〕［日］谷口安平：《程序的正义与诉讼》（增补本），王亚新、刘荣军译，中国政法大学出版社 2002 年版，第 6 页。

〔2〕 江伟："更加紧密联系实际——民事诉讼法学展望"，载《中国法学》2008 年第 6 期。

〔3〕 陈桂明、刘田玉："民事诉讼法学的发展维度——一个时段性分析"，载《中国法学》2008 年第 1 期。

所有权纠纷案件具体应用法律若干问题的解释（征求意见稿）》（以下简称原《意见稿》）中对此进行了细化，使撤销诉讼具有了一定的可操作性。经过一段时间的等待，最高人民法院先后于 2009 年 5 月 14 日、15 日公布了《关于审理建筑物区分所有权纠纷案件具体应用法律若干问题的解释》（以下简称《建筑物解释》）和《关于审理物业服务纠纷案件具体应用法律若干问题的解释》（以下简称《物业服务解释》）两个司法解释。仅有前者对撤销诉讼有一定涉及。但笔者在研读后发现，《物权法》中存在的大部分问题，仍然没有得到解决，本书接下来将围绕撤销诉讼的当事人问题进行一些探讨，并对最高人民法院的两个司法解释中的相关规定做适当评析。本书的主要观点是，撤销诉讼中的原告，一般应限于具有业主身份者，但在特殊情况下，也应扩及房屋所有权人的继承人以及房屋的实际管理、使用人。作为被告的业主大会或业主委员会，其诉讼主体资格存在疑问，在目前的情况下，可以考虑通过颁布司法解释的方式来解决问题。

一、当事人的形态

民事诉讼程序中，当事人的重要性毋庸置疑。这里所谓当事人的形态，主要是指当事人有哪些表现形式。区分当事人的形态，具有重要的实践意义。因为，一旦认定当事人属于哪一种形态，将极大地影响到案件的处理程序。从现代民事诉讼制度的发展看，“当事人制度在内涵上的不断丰富以及在外延上的不断扩充，是诉讼制度趋于发达化的表征，也是诉讼制度功能扩展的表现，现代民事诉讼制度的一个标志性特征就是诉讼当事人的制度复合化和类型多元化。与此同时，民事诉讼程序也出现了空前的繁复特征，一个原本不断趋于简化的诉讼程序制

度因为当事人制度的多样化特征而归于复杂化”。〔1〕

在本书的研究背景下，笔者主要考察三种区分：一是程序当事人与适格当事人的区分；二是单一当事人与复数当事人的区分；三是撤销诉讼中的当事人在具体形态上的区分，即它们究竟属于我国民事诉讼中规定的公民、法人、其他组织中的哪一类。

（一）程序当事人与适格当事人

在大陆法系的民事诉讼理论中，“当事人适格”是指在特定诉讼当中有资格作为原告或被告起诉或应诉，并受本案判决拘束的一种法律上的权能或者地位，它是抽象的当事人能力要件在特定诉讼当中的具体化与进一步深化。这种权能或具有这种地位也被表述为正当当事人或诉讼实施权。〔2〕“当事人适格”侧重于要求当事人在诉讼中与一定诉讼标的或者一定利益具有关联性。尽管我国的民事诉讼立法中没有出现这样的术语，但理论上和实践中对其却都予以承认。目前，中国民事诉讼法学界有相当多的学者都主张，当事人应当被理解为“程序当事人”，认为只有这样，才能为当事人的诉权提供相应保障。〔3〕这种观点所关注的内容，从原来注重主体的“实体适格”转向了“程序适格”，即只要符合民事诉讼法所规定的起诉或应诉的形式要件，相关主体就能以适格当事人的身份进入到民事诉讼程序当中，从而获得司法审查与救济的机会。适格当事人范围的

---

〔1〕 汤维建等：《群体性纠纷诉讼解决机制论》，北京大学出版社 2008 年版，第 163 页。

〔2〕 ［日］中村英郎：《新民事诉讼法讲义》，陈刚、林剑锋、郭美松译，法律出版社 2001 年版，第 54~55 页。

〔3〕 这是当下民事诉讼法学中的主流观点。对此可以参见江伟、肖建国主编：《民事诉讼法》（第 8 版），中国人民大学出版社 2018 年版，第 114~115 页。张卫平：《民事诉讼法》（第 4 版），法律出版社 2016 年版，第 123~124 页。

此种扩张，无疑大大增加了社会主体接受司法保障的可能性，由此扩张了司法对社会开放的“口径”，笔者对此深表赞同。因为，不管是站在增强对公民接受司法审判这一宪法性基本权利的保障、提升当事人的主体地位的立场上，还是站在社会法治化的立场上，都将是一个具有积极意义的转变。

按照程序当事人的观点，向法院主动提起诉讼者即为原告，因原告起诉而被拉入诉讼者即为被告。从这个角度来看，撤销诉讼当事人在形式上比较容易确定，但在我国民事诉讼体制下，民事诉讼程序的启动，虽然以当事人的起诉为起点，然而当事人的起诉并非自然成立，要依法院是否受理为准。法院审查决定是否受理当事人的起诉，是以起诉行为是否符合法定的起诉条件为依据的。根据现行法的有关规定，我国对于当事人适格与否的审查（更多的是原告适格的问题）是放在起诉阶段进行的。尽管民事诉讼理论上普遍认为，我国起诉条件中的这些规定过于苛刻，极大地限制了国民诉权的行使，但作为一种规范性探讨，本书在研究撤销诉讼当事人时，仍然只能在现行法的框架下进行，主要围绕撤销诉讼中的适格当事人问题展开。

（二）单一当事人与复数当事人

单一当事人就是一个原告和一个被告，这是绝大多数案件中的存在情况，而复数当事人，则是指一方当事人或双方当事人的人数在两人及以上的情况。

根据《物权法》的规定，原被告的身份是固定的，原告的身份只能是业主，其有可能出现复数的情况。同时，如果是二人及其以上的业主，对于业主大会或者业主委员会的决定不服要求撤销的话，在诉讼程序上有可能适用我国民事诉讼法中涉及的共同诉讼或者代表人诉讼制度。被告的身份只能是业主大会或者业主委员会，那他们能否成为共同被告呢？法条用语为

"或"，从逻辑上看应当是可以的，但如果考虑到他们的实际关系，业主大会或者业主委员会这样的"机构"成为共同被告似乎没有什么意义。为了使我们的探讨简洁些，笔者准备以单一的原被告之间的构造为模型，对撤销诉讼的有关问题进行研究，以便为后来更为深入的讨论奠定基础。

（三）身份归属

根据《民事诉讼法》第119条的规定，能够成为当事人的只能是公民、法人、其他组织中的一种。从实体法上看，具有业主身份的"人"，不仅仅限于自然人，也包括法人（企业、事业和社团）、合伙以及非法人团体，特定情况下也可能包括国家。〔1〕对于原告而言，因为有业主身份的一般性限制，其身份归属在实践中一般不会有什么问题，而作为被告的业主大会或者业主委员会的归属问题，则一直充满争议。

二、原告的一般标准

民事诉讼程序是由原告引发的。《物权法》第78条第2款的文义很清楚，撤销诉讼中的原告是享有撤销权的业主，进言之，就是业主大会或者业主委员会作出的决定所侵害的业主。这一标准比较抽象，从可能性上看，同一物业小区的业主都能成为撤销诉讼的原告。从可操作性角度出发，我们有必要确定原告的具体范围与标准。

笔者认为，撤销诉讼中原告的一般标准，应当有如下几个：

（一）原告应当是业主

具备业主资格是享有撤销权的前提。根据《物业管理条例》第6条的规定，房屋的所有权人为业主。如果就此做狭义解释

---

〔1〕 奚晓明主编：《最高人民法院〈建筑物区分所有权、物业服务司法解释〉理解与适用》，人民法院出版社2009年版，第34页。

的话，在撤销诉讼中，只有房屋的所有权人才能作为原告提起诉讼。但如果考虑到现实生活中所有权人的多种形态，业主的情况要复杂得多，该条例的规定明显缩小了业主的范围。有学者主张，我国立法上对业主身份的界定，不符合物权从所有到利用的发展倾向。因此，对业主概念不应作如此严格的限制，应该包括房产证上登记的权利人以及居住在同一小区的家庭近亲属。〔1〕这种观点在一定程度上扩展了业主的范围，尽管有一定道理，但在应用于撤销诉讼当事人时，则明显过于宽泛，不太妥当。按照物业管理界人士的观点：现实物业管理中，具备业主身份的情况有三种：一是房屋所有权证书持有人；二是房屋共有权证书持有人；三是待领房屋所有权证书和房屋共有权证书的购房人。〔2〕这种认识比较全面而且符合实际，值得赞同。

《建筑物解释》第1条规定："依法登记取得或者根据物权法第二章第三节规定取得建筑物专有部分所有权的人，应当认定为物权法第六章所称的业主。基于与建设单位之间的商品房买卖民事法律行为，已经合法占有建筑物专有部分，但尚未依法办理所有权登记的人，可以认定为物权法第六章所称的业主。"原《意见稿》对此的规定基本相同。其第1条规定的是："依法取得建筑物内的住宅、经营性用房等专有部分所有权的人，或者虽未依法登记取得所有权，但基于买卖、赠与等旨在移转所有权的民事法律行为已经依法占有使用该专有部分的人，应当认定为物权法第六章所称业主。"两相对比我们可以发现，正式规定实质上还是有些变化的，其主要的不同之处在于，缩

---

〔1〕参见周俊："物业管理中的业主自治法律制度研究"，北京工商大学2005年硕士学位论文。

〔2〕中国物业管理协会编：《物业管理基本制度与政策》，中国建筑工业出版社2006年版，第70页。

小了能够被认定为业主的范围，仅把与建设单位签订了买卖合同，并且已经合法占有建筑物专有部分，但尚未依法办理所有权登记的人纳入了业主范围。

在原《意见稿》颁行后，学者对于其中对业主的界定提出了质疑，认为我国《物权法》确定的业主规则是区分所有权人才是业主，但司法解释关于业主的界定显然已经突破了《物权法》业主概念的既定内涵和外延，将尚不是区分所有权人的人也认定为业主，这已经不再是对《物权法》的扩大解释，也不是漏洞补充，而是对《物权法》业主规则的背离，必然会陷入逻辑上的矛盾，导致《物权法》物权变动规则体系的混乱，并在实践运用中引发新的困扰。[1]笔者认为，这种质疑有一定道理。《物权法》明确肯定了物权变动，以登记为生效要件，过于宽泛的界定业主显然会给司法实践带来麻烦。"但在现实生活中，基于与建设单位之间的商品房买卖民事法律行为，房屋买受人在已经合法占有使用专有部分的情况下，仍未依法办理所有权登记的情形大量存在。在此情况下，如果仅以是否已经依法登记取得所有权作为界定业主身份的标准，将与现实生活产生冲突，并有可能对前述人群应当享有的权利造成损害。这部分人对共有部分的利用以及共同管理权的行使需求更为强烈，与其他业主之间的联系程度也更为直接和紧密，因此有必要对其'业主身份'问题进行特别规定。为了更好地维护业主自治秩序和建筑物区分所有权法律关系的和谐稳定，根据物权法等法律规定精神，司法解释对这种情形下的业主身份认定问题作出特别规定，即可以认定其为《物权法》第六章所称的业主。这样的规定既可以有效地统一司法评价标准，也符合物权法的

---

〔1〕 屈茂辉、周志芳："论业主的法律界定——兼评《建筑物区分所有权司法解释》（征求意见稿）第1条"，载《政治与法律》2009年第2期。

规定精神，适应现实生活。同时，还可以引导这部分人及时办理物权登记。”〔1〕

（二）原告必须是因为业主大会或者业主委员会作出的决定侵害了其合法权益的业主

是否具备业主资格容易识别，但要判断是其因为业主大会或者业主委员会作出的决定侵害了其合法权益的业主，就比较困难了。笔者认为，在此标准下，我们需要明确这样几个问题：

第一，业主大会或者业主委员会必须实际作出了决定，而且该决定在形式上是有效的。

从法理上看，“撤销”只能针对已经存在的对象，这里隐含了一个基本的逻辑前提，即业主大会或业主委员会已经实际作出了决定，而且该决定在形式上是有效的（甚至也可以认为，业主大会或者业主委员会的决议一旦作出，就应当被推定为有效），如果根本没有形成决议（决议成立），那业主自然也就无法请求法院予以撤销了。

但在论及业主大会或者业主委员会的决定对业主具有约束力时，立法机关的人士提出：对业主有约束力的业主大会或者业主委员会的决定必须是依法设立的业主大会、业主委员会作出的；必须是业主大会、业主委员会依据法定程序作出的；必须是符合法律、法规及规章，不违背社会道德，不损害国家、公共和他人利益的。上述三点必须同时具备，否则，业主大会、业主委员会的决定对业主便没有约束力。〔2〕

笔者认为，这种观点固然有一定的道理，但在撤销诉讼中，

---

〔1〕“最高人民法院民一庭负责人就建筑物区分所有权、物业服务司法解释答记者问”，载人民法院网：http://www.chinacourt.org/public/detail.php? id = 358238，访问时间：2009 年 5 月 25 日。

〔2〕胡康生主编：《中华人民共和国物权法释义》，法律出版社 2007 年版，第 181 页。

其合理性却值得商榷。因为根据《物业管理条例》第 16 条的规定，只有业主委员会才有义务到物业所在地的区、县人民政府房地产行政主管部门备案，但这些并不是业主的自治机构成立的必备条件。第 19 条规定：“业主大会、业主委员会应当依法履行职责，不得作出与物业管理无关的决定，不得从事与物业管理无关的活动。”据此，如果业主大会或者业主委员会所作出的决议超越了自己的职责范围，便应当是无效的。基于（民事）法律行为无效与可撤销之间的重大区别，我们可以认为，业主大会、业主委员会作出的与物业管理无关的决定，不得成为业主撤销权的标的。笔者认为，依照民事诉讼法理，站在保护业主合法权益的立场，不能也不应当强求业主在起诉时，就严格区分业主大会或者业主委员会所作决议究竟是无效还是可撤销的。因为，不经过法院开庭审理，业主无法判断该决议是无效的或者是可以撤销的。若坚持这种做法，势必会堵塞业主寻求司法救济的途径。

第二，业主大会或者业主委员会的决定使得业主的合法权益受到侵害。

原告提起撤销诉讼时，不仅需要证明被告作出了相关决定，还需要证明业主大会或者业主委员会所作决议侵害了自己的合法权益。业主如何证明自己的合法权益受到了侵害？或者说，在什么情况下，业主可以请求法院撤销业主大会或者业主委员会的决定？《物权法》对此没有任何规定，这给撤销诉讼的运行带来了不小的麻烦。

立法虽然没有规定撤销的事由，我们却可以先从学理上进行探讨。笔者认为，既然法条规定的是“侵犯合法权益”，撤销的事由（标准）便不妨参考侵权法上对“损害”的理解。我国学者多认为，侵权法上的损害，是法律上保障之法益蒙受的不利。[1]其特征在于，它是侵害合法民事权益所产生的后果，具有法律上的补救性，而且，还应当具有客观真实性和确定性。[2]笔者以为，从结果意义上看，民法学者的认识并无不当，撤销诉讼中对损害的认定，应当是法院裁判的结果之一，不能要求原告在起诉时就必须证明自己已经遭受了确定的、客观的不利后果。换言之，所谓“受到侵害的业主”，应当被理解为是业主自己主观上认为受到侵害或者可能受到侵害，并不要求侵害的实际发生。从《物权法》的表述来看，其也没有要求一定要有实际损害发生，才能请求撤销的意思。如果真的如此，损害已经发生，撤销的意义和效果必然要大打折扣。

对此，原《意见稿》第11条第2款规定的是：“业主大会或者业主委员会作出的决定违反法律规定的程序或者超越其权限，业主请求撤销的，应予支持。”该规定所设计的违反法定程序与超越权限两个撤销事由，比较明确、具体，值得肯定。但从《物权法》的规定来看，其重心在于决议侵害了自己的合法权益，违反法定程序与超越权限固然可能（注意，并不必然）侵害业主的合法权益，然而，我们无法否认的是：业主大会与业主委员会即使符合法定程序与在权限范围内也仍然会作出侵害业主合法权益的决议。现实生活中，存在着许多利用少数服从多数的民主程序来剥夺、践踏少数人权益的现象，此所谓“多数人的暴政”。业主大会或业主委员会作为一种民主决策机制，不可避免地也存在这种危险。因此，规定个别业主对集体决定的撤销权，是对民主机制缺陷的弥补。[3]业主撤销权属于

---

〔1〕 黄立：《民法债编总论》，中国政法大学出版社2002年版，第371页。

〔2〕 张新宝：《中国侵权行为法》（第2版），中国社会科学出版社1998年版，第93~95页。

〔3〕 参见黄劲、骆小凤：“论业主撤销权——兼评《物权法》第七十八条”，载《湖北经济学院学报》（人文社会科学版）2009年第1期。

集体成员撤销权之一种，是某个集体成员对侵害其权益的集体决定进行抗辩的一种方式。基于上述考虑，原《意见稿》的规定存在比较明显的缺陷，对法律文本中侵害业主合法权益的逻辑重心的把握存在偏差。

《建筑物解释》第 12 条规定："业主以业主大会或者业主委员会作出的决定侵害其合法权益或者违反了法律规定的程序为由，依据物权法第七十八条第二款的规定请求人民法院撤销该决定的，应当在知道或者应当知道业主大会或者业主委员会作出决定之日起一年内行使。"根据该规定，撤销事由有两个：业主大会或者业主委员会作出的决定侵害其合法权益和违反了法律规定的程序。根据司法解释起草者的意见，《物权法》第 78 条第 2 款规定的"业主合法权益"应被进一步解释为，不仅包括侵害业主的实体权利，也包括作出决定的程序违反法律规定，后者的典型情况是违反《物权法》第 76 条的规定。〔1〕笔者认为，该观点在原理上是值得予以肯定的，但因为第一个事由本身就是法条表述，是需要明确的对象，司法解释中重复的表达没有任何太多的意义。根据前面的分析我们可以发现，侵害合法权益与违反法定程序并不是一个并列关系而是包含关系，违反法定程序不可能没有侵犯业主的合法权益。

需要注意的是，《建筑物解释》的正式文本中删掉了"超越权限"的事由。对此，解释起草者在分析时认为，业主的程序权益受到侵害的情形，除了上述业主大会决定程序违反法律、法规强制性规定外，还涵盖业主委员会的越权行为。〔2〕笔者认

〔1〕 奚晓明主编：《最高人民法院〈建筑物区分所有权、物业服务司法解释〉理解与适用》，人民法院出版社 2009 年版，第 134 页。

〔2〕 奚晓明主编：《最高人民法院〈建筑物区分所有权、物业服务司法解释〉理解与适用》，人民法院出版社 2009 年版，第 176 页。

为，从概念的包容性上看，这是可行的。因为，法定程序中实际上包含了主体权限，对业主大会或者业主委员会能够作出哪些决定，在相关规定中有比较明确的规定，如果超越自己的权限作出决定，显然是违反了法定程序。

最后，值得探讨的是，受侵害的业主在范围上，是否包括在业主大会或者业主委员会投票表决过程中投赞成票或者没有表示异议者？从有关国家和地区的做法看，我国澳门特别行政区的《澳门民法典》明确规定，只有对决议投非赞成票者方有权对决议进行诉讼。〔1〕对此，司法解释起草者的意见是："基于简化诉讼关系消除滥诉干扰的目的，有权提起撤销诉讼的主体应当限于在业主大会以及业主委员会投票表决过程明确表示反对的业主。在表决过程中投赞成票以及未明确表示异议的业主事后不得提起撤销之诉，以维护业主大会以及业主委员会作出的正当决定的法律效力，杜绝见风使舵出尔反尔投机取巧的行为，同时这也符合诚实信用原则以及允诺后禁反言原则。"〔2〕这一观点比较符合实际。

三、原告范围的扩张

上面所提到的业主与建筑物区分所有权人，基本上是同一个概念，而在实际的不动产管理、使用中，业主这一概念可能还需要作进一步的阐释。我们必须考虑，不具有业主资格者能否享有撤销权？

建筑物区分所有权属于一种新型的物权形态，民法学界尽管对于其权利内容有争论，但主流观点是所谓三元论，即建筑

〔1〕 参见蔡耀忠主编：《物权法报告》，中信出版社 2005 年版，第 89 页。

〔2〕 奚晓明主编：《最高人民法院〈建筑物区分所有权、物业服务司法解释〉理解与适用》，人民法院出版社 2009 年版，第 180 页。

物区分所有权包括了专有所有权、共有所有权和成员权三个部分。[1]从民法原理上看，区分所有权并非是单纯的单独使用专有部分的财产性权利，也不是仅仅基于不动产的共有关系，而是一种财产与生活的调和。因此，区分所有权人的自治性规约、自治性协议等自治性行为不仅仅对区分所有权人有约束力，而且对区分所有权人的继受人也有约束力，这样才能维持原区分所有关系的继续与和谐存在。可以说，区分所有权人的自治管理对区分所有权人的继受人发生效力，是共同地缘生活的要求。[2]既然这些所谓继受人要受到业主自治管理规范的约束，那么，当他们认为建立在业主自治基础上的业主大会或者业主和委员会的决定侵害了其合法权益时，自然有权寻求法律救济，适用《物权法》第78条之规定，享有撤销权。具体而言，这些人包括：

（一）根据《物权法》第二章第三节规定取得建筑物专有部分所有权的人

原《意见稿》第1条中已经有所涉及，而且《建筑物解释》正式文本也予以肯定，此处不再赘述。

（二）房屋的实际管理、使用人

实践中，有相当多的所有权人仅仅保留所有权的收益权能，而把不动产全部交与其他人管理使用。在此种情况下，这些实际管理、使用者是否可以被扩张解释为这里的业主呢？仅仅从身份上看，所有这些人员都不具备业主资格，因此，不能成为享有撤销权的原告。但仔细地分析，恐怕不能进行如此简单化的处理。

---

〔1〕陈华彬：《现代建筑物区分所有权制度研究》，法律出版社1995年版，第80～81页。

〔2〕陈鑫：《业主自治：以建筑物区分所有权为基础》，北京大学出版社2007年版，第99页。

上述人员因为不享有建筑物的所有权，而不能成为业主自治管理机构的成员，当然也不享有投票、表决的权利。也正因为如此，他们的合法权益才更容易受到侵害。《物权法》第 78 条第 1 款规定，业主大会或者业主委员会的决定，对业主具有约束力。既然在狭义上，业主就是建筑物区分所有权人，业主大会或者业主委员会的决定，当然对整个小区都有约束力，那些管理、使用小区房屋的非业主们自然也不例外。对此，《建筑物解释》颁行前，最高人民法院的法官们也表示，当业主将房屋出租或者借给他人使用时，业主大会或者业主委员会的决定涉及业主的权利和义务的，也同样适用于这些房屋实际使用人。就如陈鑫博士在分析业主、开发商、物业矛盾时所言："在对一方利益缺乏有效保护的框架下，另一方对其利益的侵犯自然就可以肆无忌惮，日久天长而使矛盾激化，成为严重的社会问题。"〔1〕所以，一律要求只有所谓业主才具有原告资格，显然不合理，会带来诸多的问题。这里，笔者主张对该条作扩张解释。建筑物的实际管理、使用人，尽管不具备业主资格，但也可以在业主大会或者业主委员会的决定侵害其合法权益时，享有撤销权，成为撤销诉讼的原告。原《意见稿》虽对此没有涉及，但《建筑物解释》的正式文本却做了相应的修改。其第 16 条规定："建筑物区分所有权纠纷涉及专有部分的承租人、借用人等物业使用人的，参照本解释处理。专有部分的承租人、借用人等物业使用人，根据法律、法规、管理规约、业主大会或者业主委员会依法作出的决定，以及其与业主的约定，享有相应权利，承担相应义务。"根据该规定，专有部分的承租人、借用人等物业使用人在业主大会或者业主委员会的决定侵害其合法权

〔1〕 陈鑫：《业主自治：以建筑物区分所有权为基础》，北京大学出版社 2007 年版，第 99 页。

益时，已经取得了撤销诉讼的原告资格。[1]

四、业主大会与业主委员会的被告地位：民事诉讼视角的一种考察

《物权法》第 78 条的文义非常明确，作为被告的只能是业主大会与业主委员会，但若从民事诉讼角度看，答案却并非如此简单。

（一）特例规定

具备被告资格，即可以被认为具有当事人能力。当事人能力在我国民事诉讼法学理论上，一般被称为民事诉讼权利能力。具体说来，所谓当事人能力，是指能够成为诉讼主体的法律上的资格，是与民法的权利能力相对应的概念。当事人能力是诉讼法上的概念，因此，可以单独从诉讼法立场对此加以规定。由此，具有民事权利能力者即具有当事人能力（实质的当事人能力），另外，也认可不具备民法上权利能力者具有当事人能力（形式的当事人能力）。[2]我国学者对此也持基本相同的见解："民事权利能力与当事人能力的分离在立法上和司法中是一个现实存在，没有民事主体资格的非法人组织完全具备独立的诉讼当事人资格，民事权利能力并不是诉讼权利能力存在的必要条件。"[3]

那业主大会与业主委员会能成为被告吗？若仅仅从当事人能力的法定性出发，可以认为它们已经被法律赋予了当事人资格，至少是被告的资格。然而，根据一般理解，能成为被告者，自

〔1〕 奚晓明主编：《最高人民法院〈建筑物区分所有权、物业服务司法解释〉理解与适用》，人民法院出版社 2009 年版，第 226 页。

〔2〕 ［日］中村英郎：《新民事诉讼法讲义》，陈刚、林剑锋、郭美松译，法律出版社 2001 年版，第 52 页。

〔3〕 肖建华：《民事诉讼当事人研究》，中国政法大学出版社 2002 年版，第 68 页。

然也能成为原告。可是，如果我们仔细考察《物权法》的法律文本便很容易发现，业主大会与业主委员会的诉讼地位问题在《物权法》中是不协调的。《物权法》并没有赋予业主大会与业主委员会原告资格。在《物权法》中，法律没有明确规定业主大会与业主委员会可以以自己的名义起诉，这实际上是认为，只有受害的业主才能起诉。理论界在解释业主大会与业主委员会的诉讼主体资格时，则存在重大分歧。

著名民法学家江平先生在其主编的《物权法教程》一书中就直截了当地认为，业主大会属于《民事诉讼法》第49条规定的“其他组织”，具有诉讼权利能力，可以以自己的名义起诉。同时，业主委员会在最高人民法院批复规定的情形下也可以作为原告。〔1〕王利明教授与程啸、尹飞博士在合著的《物权法教程》中则提出了一种颇为令人费解的观点：我国《物权法》事实上承认了业主大会的民事主体资格，但没有承认其独立的诉讼主体资格，即业主大会既不能作为原告起诉，也不能作为被告应诉。〔2〕根据全国人大常委会法制工作委员会负责人的解释，《物权法》对业主大会和业主委员会的法律地位并没有明确规定。该负责人对此解释道：“《物权法（草案）》曾对业主大会或者业主委员会以自己的名义提起诉讼的问题作了规定。经反复研究认为，这个问题较为复杂。业主大会或者业主委员会没有独立财产，享有的权利和承担的义务都要落在业主身上，业主大会或者业主委员会提起诉讼，依法要交诉讼费用，一旦败诉，后果由全体业主分担，如果部分业主没有及时交纳有关费用，还涉及法院如何执行等问题，对业主大会或者业主委员会

〔1〕 江平主编：《中国物权法教程》，知识产权出版社2007年版，第261~262页。

〔2〕 王利明、尹飞、程啸：《中国物权法教程》，人民法院出版社2007年版，第237页。

提起诉讼的权利以暂不作规定为妥。对侵害业主共同权益的纠纷，可以通过《民事诉讼法》的有关规定提起诉讼。”[1]最高人民法院的法官们在《建筑物解释》颁行前也认为：从《物权法》立法过程中关于业主大会、业主委员会法律地位规定的变化分析，目前业主大会、业主委员会在实现自己的管理权时不能根据《物权法》第83条第2款的规定向法院起诉，即不宜享有诉讼主体资格。当然，理论上也有折中的观点认为，鉴于业主大会只是以会议的形式履行法定职责，它只是一种用于形成业主集体决策的制度设计，而并不是一种法律实体，不具备民事主体资格。其对业主权益的“代表”与“维护”功能集中表现在形成对全体业主具有约束力的业主公约以及具体的决定方面。不过，为了回应现实需要，在业主大会通过的决定、决议违反法定程序等特别情况下，应当有条件地承认其当事人能力，即业主可以业主大会为被告向法院提起撤销之诉。[2]

考察上述诸种观点，笔者认为，在文义与逻辑解释上，业主大会与业主委员会必须具备被告资格，否则，《物权法》的规定就会形同虚设。但《物权法》的其他规定中，又没有任何提及它们可以作为原告的条款。因此，我们只能把该条理解为仅仅是明确肯定了业主大会与业主委员会具有被告资格的“特例”规定。不过，如果把该条规定作为特例来认识，我们又会面临很多无法回答的问题：仅仅肯定在撤销诉讼中业主大会或者业主委员会能作为被告有什么实践与理论上的根据？业主大会或者业主委员会不能作为原告，《物权法》的其他规定如何实现？显然，《物权法》关于撤销诉讼的规定陷入了尴尬的境地。

---

〔1〕“全国人大常委会法制工作委员会负责人解读物权法”，载人民网：http://npc.people.com.cn/GB/15017/5528310.html，访问时间：2007年3月27日。

〔2〕王轶主编：《物权法解读与应用》，人民出版社2007年版，第148页。

在笔者看来，当事人能力应当是统一的，民事诉讼理论中尚未见到有什么原告与被告身份分离的观点。而且，即便有，这样的观点也无法成立。原被告作为民事争讼程序中对立的两方主体，直接决定了诉讼的基本构造。如果认为有什么主体只能作为原告而不能成为被告的，那其原告身份也是有疑问的。前述王利明教授等人的观点，显然值得商榷。如前所言，具有民事权利能力者，一定具有民事诉讼权利能力，怎么可能出现某一“社会存在”具有民事主体资格，但却不是民事诉讼主体的情况呢？如果真的如此，这样的“民事主体”又岂是真正的民事主体？如果坚持认为立法可以创设所谓特定的被告，那么这样的立法显然缺乏基本的民主与科学性，不能使某一主体只能任人控告而自己却无法充当原告，这明显与人们一般的法意识、法感情相违背。笔者认为，《物权法》的出台，着实给立法与理论出了一道难题。我们在理解该法时，要么严格从文义出发，认可业主大会与业主委员会只具有被告资格，而不具有原告资格；要么从体系解释角度出发，承认它们统一的诉讼主体资格，这样就可以避免诸多的问题，从而既可以解决实践中有关主体权益的维护，也照顾了理论的周延。笔者倾向于选择后面这种做法。

根据原《意见稿》第 13 条的规定，在业主共同权益受到侵害、妨害或者可能受到妨害的情况下，业主大会或者业主委员会具有代表业主起诉的原告资格，有关业主共同权益的生效裁判对全体业主具有约束力；其诉讼利益归属于全体业主。该规定明确肯定了二者的原告身份，值得赞赏。然而，如此一来，我们在实践中必然又会遇到业主大会与业主委员会的身份归属问题，即它们究竟属于我国民事诉讼法中所规定的公民、法人、其他组织中的哪一类？笔者此前已经通过分析得出了结论：它们无法被归入三类主体中的任何一类，当它们成为被告时，面临着几乎无法克服的困境。[1]

但是，让人有些不解的是，在《建筑物解释》的正式文本中，上述规定不见了踪影。司法解释起草者在对此进行分析时认为，业主大会与业主委员会的诉讼主体资格问题，在现行法上从未获得清晰的定位，实际上，业主大会与业主委员会在现行的有关规定框架下是无法具有法律主体资格的。但是，尽管如此，他们仍然坚持认为业主委员会具有诉讼主体资格。[2]笔者认为，在司法解释文本中没有明确肯定业主大会与业主委员会的诉讼主体资格的前提下，这一解释存在一个问题，即为何不直接在解释中进行规定？

值得考虑的是，《物业服务解释》第2条规定："符合下列情形之一，业主委员会或者业主请求确认合同或者合同相关条款无效的，人民法院应予支持……"从条文表达的意思来看，显然是认可业主委员会或者业主作为原告可以请求确认合同或者合同条款无效。解释起草者也认为，该条解释将部分情形下主张合同无效的诉讼主体资格确认为业主和业主委员会。[3]但是笔者认为，纵观解释全文，仍然没有明确业主委员会的原告资格，这就使得业主委员会在上述情况下的原告资格显得有些名不正、言不顺，在实践中也注定会饱受争议。

（二）困境的摆脱

业主大会与业主委员会作为被告尽管会遇到困境，但问题

---

〔1〕夏永全："物权法视角下的业主大会与业主委员会——以法的可诉性为中心"，载《北方法学》2007年第5期。

〔2〕奚晓明主编：《最高人民法院〈建筑物区分所有权、物业服务司法解释〉理解与适用》，人民法院出版社2009年版，第181~183页。

〔3〕奚晓明主编：《最高人民法院〈建筑物区分所有权、物业服务司法解释〉理解与适用》，人民法院出版社2009年版，第270页。

并非不可解决。

首先，二者的法律地位问题需要法律来确认。笔者认为，切实可行的办法是在其他规范层面，对于它们的法律地位进行明确规定。在目前的体制架构下，最适宜充当这个角色的，只能是最高人民法院。但从实际情况来看，最高人民法院尽管已经注意到了问题的存在，也早把制订《物权法》司法解释的工作，列入了司法解释的立项计划，并且还颁行了原《意见稿》。然而，在正式文本中，有关业主大会与业主委员会的当事人资格问题并没有被提及。业主大会与业主委员会在当事人范围内的属性是什么？如何提供自己的主体资格证明？判决的效力、效果又如何？这些问题不解决，终归会影响撤销诉讼的运作。

其次，我们在对待它们的当事人能力时，似乎过多地考虑了它们在承担民事责任时的情况，而忽视了承认它们作为民事诉讼主体所具有的社会功能。在笔者看来，它们作为当事人的能力是没有疑问的。

民事诉讼法学理论认为，不具备法人资格的团体，仍然要进行社会活动，那在展开自己的社会活动时就可能遭遇纠纷，为了解决这种纠纷，将该团体本身也作为诉讼当事人的做法是较为便利的。〔1〕业主大会与业主委员会既然都有自己的独立名义，而能够成为诉讼主体者，必然是客观存在的。从现行有关规定以及业主大会与业主委员会在实践中承担的功能看，它们也应当具备当事人能力。在业主对于它们作出的决议有异议时，如果它们不能享有当事人能力，必将无法解决纠纷。此时，业主大会需要作为非法人团体而取得当事人能力。在撤销诉讼的语境下，《物权法》似乎只是肯定。业主只能对业主大会与业主

〔1〕［日］高桥宏志：《民事诉讼法——制度与理论的深层分析》，林剑锋译，法律出版社2003年版，第150页。

委员会的决议请求撤销，而不得要求赔偿损失（究竟能否要求赔偿，很值得探讨）。因此，只要明确了它们的诉讼主体地位，撤销诉讼所面临的被告困难便能够被克服。

五、结束语：期待问题的解决

本章主要分析了业主撤销诉讼中当事人的范围及其实现的有关问题，提出了一些简单的建议，并就最高人民法院颁布的两个司法解释有关规定略陈管见。笔者深知，问题的解决并非易事，不是靠一些想当然的建议就能奏效。到笔者修订完本章时止，也只检索到两个相关案例，〔1〕看来，撤销诉讼要发挥作用，要走的路还很长。〔2〕

---

〔1〕 参见王占强："业主撤销权与业主权利保护——对北京首例业主撤销权之诉的评论"，载《中国物业管理》2008 年第 9 期；程磊："业主撤销业委会违法决议之诉的现实困境"，载《现代物业》2008 年第 8 期。

〔2〕 截至 2019 年 2 月 16 日，笔者通过中国裁判文书网，以"业主撤销权纠纷"关键词，共检索到了 2785 条记录。尽管该结果不一定非常准确，不过，距离本书发表已经快接近 10 年，业主撤销诉讼数量仍然不多，这至少表明这一制度存在的一些问题，还未得到妥善解决。

/ 第九章 / CHAPTER9

责任竞合案件中的诉讼请求

——兼评 2012 年《民事诉讼法》中的若干规定

相比于《刑事诉讼法》修正的"热闹"，2012 年 8 月 31 日《民事诉讼法》的修正，无疑要"冷清"[1]许多。不过，长达 60 项的修改决定，对原有法律还是进行了相当大幅度的改动。对此，吴邦国同志总结道："关于修改民事诉讼法的决定，适应了经济社会发展的需要和深化司法体制改革的要求，在认真研究代表议案和总结司法实践经验的基础上，对我国民事诉讼法律制度进行了修改完善，进一步保障当事人诉讼权利，健全证据制度，完善调解与诉讼衔接机制，细化审判和执行程序，强化民事诉讼法律监督等，对于更好地保护当事人行使诉讼权利，保证人民法院正确及时审理民事案件，维护经济社会秩序和公平正义，具有十分重要的意义。"[2]笔者认为，法律的生命在于适用，而法律的正确适用是基于对法律的解释。很明显，"法治并非仅仅依靠大量立法就能完结或者实现，它需要通过合法合理的解释，实现合理合法的适用"。[3]法律修订结束后的适用，应当成为学习与研究的重点。套用张新宝教授的话来说，民事

---

〔1〕 其关注度和修改机关明显都要"次"一些。

〔2〕 陈丽平："表决通过关于修改民事诉讼法的决定等"，载《法制日报》2012 年 9 月 1 日。

〔3〕 高秦伟：《行政法规范解释论》，中国人民大学出版社 2008 年版，第 4 页。

诉讼法学的使命应当由立法论转向解释论。[1]这里，笔者想着重指出的是：2012 年《民事诉讼法》虽对一些规则进行了修正，并增设了不少内容，但仍旧有许多条文被留了下来。这就意味着，在具体程序运作中，“新”法律不得不面对“老”问题的挑战以及实践的检验。本章所研究的责任（请求权）竞合[2]案件中的诉讼请求问题即是一典型例证。

侵权责任与违约责任竞合，在司法实践中是一种普遍现象，对此问题当然需要借鉴参考国外的理论与相关规定，但由于其在我国也大量存在，理论研究要有针对性，围绕“本土问题”展开才有实际意义。在我国民事诉讼程序中，当事人的“纠纷观”与法院的“案件观”，存在一定的冲突。笔者的基本主张是：我国在此类案件中应允许当事人自由选择以何种依据主张权利，对当事人诉讼请求的处理，需要平衡当事人与法院之间的利益，以达到对纷争的妥善处理。

本章在结构上分为五个部分，主要思路为：在厘清实践中的责任竞合案件范围的基础上，根据诉讼请求的理论定位以及实际形态，提出诉讼请求在原初意义上，只能是当事人生活利益的表达，并不一定符合规范。在责任竞合案件中，应当允许当事人自由选择诉讼依据，并可以在诉讼过程中，依据诉讼进展情况或者法官释明进行变更。本章之目的主要是在现行法的框架下，着眼于具体案件的处理，以实现民事诉讼法纠纷解决的功能。虽说民事诉讼法（学）发展到今天，许多制度、术语已经“定型化”了，但民事诉讼法毕竟是基于历史的、社会的

---

〔1〕 参见张新宝：“侵权责任法学：从立法论向解释论的转变”，载《中国人民大学学报》2010 年第 4 期。

〔2〕 目前大部分人都习惯于使用“请求权竞合”的表述，但笔者认为，从诉讼逻辑上看，用“责任竞合”更能体现案件特性。

因素而制定出来的规则，民事诉讼法之规则，应当吸收各个时代和不同社会的各种要求，并在此基础上不断获得发展。[1]

一、责任竞合案件的范围

责任竞合是司法实践中大量存在的一种客观现象，从民法的角度来看，竞合是指由于某种法律事实的出现而导致两种或两种以上请求权产生并使这些权利之间并存、冲突的现象。[2]在责任竞合案件中，最常见的类型当属侵权责任与违约责任的竞合；另外，不当得利与侵权责任，票据关系与原因关系等也可能发生竞合。我国在立法上仅仅确立了处理违约责任与侵害责任竞合问题的一般原则。1999 年《合同法》第 122 条规定，因当事人一方违约行为，侵害对方人身、财产权益的，受害方有权依照该法要求其承担违约责任或依照其他法律要求其承担侵权责任。《最高人民法院关于适用〈中华人民共和国合同法〉若干问题的解释（一）》（以下简称《合同法解释（一）》）第 30 条中规定，债权人依照《合同法》第 122 条的规定向人民法院起诉时作出选择后，在一审开庭以前又变更诉讼请求的，人民法院应当准许。对方当事人提出管辖权异议，经审查异议成立的，人民法院应当驳回起诉。显然，司法机关凭这两条规定难以处理复杂多变的民事案件，因为就其适用范围来看，其仅适用于违约与侵权竞合的情形。对于其他形态的竞合，如物权与债权竞合、物权与物权竞合、债权与债权竞合等，该条款则无适用之余地。更需要明确的是，这一条款的前半段“因当

---

〔1〕 参见［日］新堂幸司：《新民事诉讼法》，林剑锋译，法律出版社 2008 年版，第 227 页。

〔2〕 王利明：《侵权行为法研究》（上），中国人民大学出版社 2004 年版，第 649 页。

事人一方的违约行为，侵害对方人身、财产权益的”的规定首先强调违约事实的存在，然后才提出处理办法。因此，即使当事人是以侵权为由起诉的，也必须先证明违约事实的存在，才能适用本条款后半段提出的处理办法，进行诉因的选择。因此，该条款的适用范围很小，并不能类推适用到其他形态竞合的情形。而且，其在违约事实未经证明前，即使是在违约与侵权竞合的情形下，也无适用的余地。〔1〕

容易被忽视的是，司法实践中实际上还存在着另外一种“竞合”的现象，即在“纯粹”的侵权案件发生后，当事人在诉讼程序以外，基于双方的协商或者在第三方协调下，形成合意，决定侵权损害赔偿问题，从而签订协议。此后，若一方当事人反悔，另一方当事人事实上会面临着究竟以侵权还是以违约为由向法院提起诉讼的问题。〔2〕之所以提这个问题，是因为根据2010年《人民调解法》第32、33条的规定，当事人在人民调解委员会调解下达成调解协议时，当事人也可以请求人民法院对调解协议进行确认，人民法院依法确认调解协议有效后，一方当事人拒绝履行或者未全部履行的，对方当事人可以向人民法院申请强制执行。而就调解协议的履行或者调解协议的内容发生争议的，一方当事人可以直接向人民法院提起诉讼。2012年《民事诉讼法》回应了《人民调解法》有关司法确认的规定，在第十五章“确认调解协议”案件程序（第195条）中规定：“人民法院受理申请后，经审查，符合法律规定的，裁定

---

〔1〕 段厚省：《请求权竞合与诉讼标的研究》，吉林人民出版社2004年版，第117页。

〔2〕 此时，双方当事人之间实际上存在着两个法律关系（纠纷），一个是作为原纠纷的侵权法律关系，另外一个则是作为解决侵权纠纷而成立的合同关系，该协议就性质而言在法律上应当属于和解协议，如果一方当事人不履行，或者对协议内容有异议，则又会发生前文所述的典型竞合现象。

调解协议有效，一方当事人拒绝履行或者未全部履行的，对方当事人可以向人民法院申请执行；不符合法律规定的，裁定驳回申请，当事人可以通过调解方式变更原调解协议或者达成新的调解协议，也可以向人民法院提起诉讼。”很明显，《民事诉讼法》丝毫没有顾及当事人另行起诉的问题，而最高人民法院（可能）也囿于立法的局限，仅仅勾勒出了司法确认程序的初步框架。在这种导向下，学界几乎将所有的注意力都集中在了确认程序如何构建上，对一方当事人的起诉问题视而不见。实际上，从《人民调解法》第 32 条的规定来看，“可以”意味着当事人的一种选择权，即当事人既可以通过人民法院起诉，也可以通过其他合法途径解决其原纠纷。〔1〕在笔者看来，双方当事人寻求司法确认与一方当事人另行起诉完全可以并存。因为，“立法对人民调解协议采用了由双方当事人申请确认、而非法定确认的选择性制度设计，旨在鼓励当事人自觉履行，强调合意和自愿对于调解的核心价值和意义，也有利于减少对司法资源的浪费”。〔2〕如果双方当事人不再具有申请确认的合意，人民法院自然无权强行确认，也只能准许其撤回司法确认申请，〔3〕确认程序即告终结。从这个角度来看，司法确认程序的功用的确有些偏于“脆弱”了。在目前的社会环境下，实践中更为常态的问题恐怕还是调解协议与原纠纷究竟如何“选择解决”。笔者认为，《最高人民法院关于审理涉及人民调解协议的民事案件的若干规定》的相关规定，因与《人民调解法》并无冲突而可以继续适用。依据该司法解释的规定，当事人一方向人民法院起诉，

---

〔1〕 参见扈纪华、陈俊生主编：《中华人民共和国人民调解法解读》，中国法制出版社 2010 年版，第 129 页。

〔2〕 范愉：“《中华人民共和国人民调解法》评析”，载《法学家》2011 年第 2 期。

〔3〕《最高人民法院关于人民调解协议司法确认程序的若干规定》第 5 条。

请求对方当事人履行调解协议的，人民法院应当受理。当事人一方向人民法院起诉，请求变更或者撤销调解协议，或者请求确认调解协议无效的，人民法院应当受理。当事人一方以原纠纷向人民法院起诉，对方当事人以调解协议抗辩的，应当提供调解协议书。据此，因调解协议履行或者效力而发生争议时，（一方）当事人实际上既可以原纠纷为对象进行诉讼，也可以调解协议为对象提起诉讼。这种情况无疑也应当属于责任竞合范围，正因为相关立法与实践中存在上述情况，既往（民法）学理上把责任竞合的前提限定为责任人和权利人之间存在合同关系的观点显然不够全面。

笔者认为，不管是传统意义上的侵权与违约之竞合，还是前述元纠纷与调解协议的竞合，当事人在这些案件中的诉讼请求都是纠纷解决的核心，其对当事人合法权益的保护，以及法院审理案件都有重要影响。因此，探究责任竞合情况下有关当事人诉讼请求问题的处理，对实体法与诉讼法的协调一致，并以此推进民事诉讼程序的有序进行都大有裨益。

二、诉讼请求的性质与定位

“诉讼请求”是我国民事诉讼立法一直使用的一个重要概念，而在有关的理论学说或立法例中，“诉讼请求”也往往也被表述为“诉的声明”“请求旨意”“请求趣旨”等。长期以来，诉讼请求在我国并未受到应有的重视，理论上一般仅仅在研讨诉的要素或者诉讼标的时才会简单提及，由于诉讼标的理论的巨大影响，诉讼请求的有关问题大有被诉讼标的“湮没”之势。笔者认为，诉讼标的理论发展到今天可谓蔚为壮观，不能说没有意义，但诉讼标的理论体系中的各学说，实际上存在着严重的问题。比如，在理论论证上片面追求逻辑自洽，脱离实际经验，以及脱离其他诉讼制度，将诉讼标的当作此诉与彼诉、既判力范围唯一的识别标志等。[1]实际上，“诉讼标的”这一概念基本上只是民事诉讼法学理论研究和教学中所使用的概念，很少直接出现于民事诉讼的立法中。同时，这个概念还不属于日常生活中已经被使用的语词，而是法学家为了学术上的需要而造出来的专门术语。[2]对于具体法律运作而言，有意义的只是当事人、案件事实、诉讼请求等概念。在笔者看来，基于理论框架而形成的“诉（诉权）→诉讼标的→诉的声明”体系，与“纠纷产生→寻求诉讼救济→启动诉讼程序（提出诉讼请求）→法院审理”这样的实际诉讼过程，分属于不同范畴。二者虽然有密切关联，却难以完全契合，试图用一种体系去“包容”另一种体系很可能会产生某种“抵触”。

我国民事诉讼立法、理论和司法实践向来把“诉讼标的”理解为当事人之间发生争议，并要求人民法院裁判的法律关系。由于民事诉讼法典里关于“诉讼标的”与“诉讼请求”的规定存在表述上的混乱与模糊，这就使得学理上在认识诉讼请求时，出现了诸多不同观点。总体上看，有两种不同的理解：一种是将诉讼请求理解为诉讼标的；另一种是将诉讼请求理解为诉的声明。在前一种情形下，诉讼请求与诉讼标的是相同的概念；在后一种情形下，诉讼请求则与诉讼标的是不同的概念。[3]一般

---

〔1〕 参见吴英姿：“诉讼标的理论‘内卷化’批判”，载《中国法学》2011 年第 2 期。

〔2〕 参见王亚新：《对抗与判定——日本民事诉讼的基本结构》（第 2 版），清华大学出版社 2010 年版，第 71 页。需要注意说明的是，王亚新教授书中原文为“未出现”，考虑到我国民事诉讼法中明确使用了“诉讼标的”这一概念，故此改为很少出现。

〔3〕 参见段厚省：《民事诉讼标的论》，中国人民公安大学出版社 2004 年版，第 14~15 页

来说，诉讼请求通常被界定为，当事人通过受诉法院向被告提出的实体权利的主张，〔1〕更狭义的理解，就应当是指当事人向法院提交的诉状中诉讼请求栏中标明的事项，即“原告必须在起诉中明确提出要求人民法院作出司法保护的权利范围和内容”〔2〕。在司法实践中，诉讼请求显然是指原告对所希望获得的救济的主张，也即对通过诉讼所要获得的法律效果的主张。其具体内容是：在给付之诉中就体现为要求被告承担民事责任的具体方式；在确认之诉中表现为要求法院对某项具体的权利之存否加以确认；在变更之诉中直接表现为对变更或者消灭某种法律关系的法律效果的要求。〔3〕换言之，诉讼请求主要具有体现当事人实体权利主张的作用，虽然诉讼请求是一个诉讼法上的概念，但是，诉讼请求同实体法有着内在的联系，倘若离开实体法律关系，诉讼请求将难以为法官所认可。〔4〕

有学者参照学理上的理解，把诉讼请求进行了分解。其认为，诉讼请求在构成上，包括诉的声明和请求原因事实两个部分。〔5〕笔者认为，这种观点值得商榷。在“应然”意义上，强调诉讼请求需要具备实体法依据当然是可以的。然而，从“实然”角度看，当事人所提的诉讼请求只是其根据自身对法律的

---

〔1〕 参见江伟主编：《民事诉讼法学原理》，中国人民大学出版社 1999 年版，第 593 页。但近来也有学者提出，诉讼请求不仅包括实体权利方面的权益请求，也包括程序上的权益请求。参见常怡主编：《民事诉讼法学》，中国政法大学出版社 2008 年版，第 178 页。

〔2〕 谭兵主编：《民事诉讼法学》，法律出版社 1997 年版，第 359 页。

〔3〕 赵秀举：“诉讼请求的比较分析”，载江伟主编：《比较民事诉讼法国际研讨会论文集》，中国政法大学出版社 2004 年版，第 450 页。

〔4〕 赵秀举：“诉讼请求的比较分析”，载江伟主编：《比较民事诉讼法国际研讨会论文集》，中国政法大学出版社 2004 年版，第 454 页。

〔5〕 参见毕玉谦：“诉的变更之基本框架及对现行法的改造”，载《法学研究》2006 年第 2 期。

理解或者评价，认为自己依法享有某种实体权利，于是由这些权利处分向法院要求的一些具体权益请求。[1]要言之，诉讼请求在原初意义上，只是当事人诉讼目的之表达，较多地体现其生活利益，并不必然符合法律规范。实际上，“对当事人而言，个人依其对于事件总体之观察，每加入其个人对于何一部分属于重要，何一部分乃不重要之价值判断，因而对于细节之陈述，亦未必与法院所认为与判决具重要性者相一致。就此，在诉讼上即须借由具体化义务及法官阐明义务之运作，将事实抽象化所造成之困难加以解决”。[2]因此，应当认为，从请求与事实理由的内在逻辑联系角度考察，“当事人在诉状所主张的是没有经过法律评价的活生生的生活事实，而非经过法律评价的要件事实”。[3]也即，根据当事人的权利主张（要求）并不必然能够推知其权利依据（法律关系）。正因为如此，在案件审理过程中，当事人的请求才可能因为种种原因而发生变化。比如，其有权根据诉讼进展情况，主动请求变更诉讼请求。而法官在经审理后，若认为当事人主张“不当”，则可予以“释明”，以便让其自行变更诉讼请求等。

需要提到的是，在责任竞合案件中诉讼请求的处理问题上，最高人民法院认为，当事人的诉讼请求中必然包含对请求事实与依据的认识，所以，才要求如果变更诉讼请求，则应当在开庭前提出。我国学者在解释《合同法解释（一）》第 30 条的规定时就认为，该条中的“变更诉讼请求”，应被理解为将基于侵权提出的诉讼请求变更为基于违约提出的诉讼请求，或者将基于

〔1〕 常怡主编：《民事诉讼法学》，中国政法大学出版社 2008 年版，第 177 页。

〔2〕 姜世明：“民事诉讼中当事人之具体化义务”，载《政大法学评论》2005 年第 88 期。

〔3〕 段文波：“要件事实理论下的主张责任”，载《法学评论》2006 年第 5 期。

违约提出的诉讼请求变更为基于侵权提出的诉讼请求。实际上，这种诉讼请求的变更是建立在诉讼标的变更之基础上的，构成诉的客观变更。[1]该观点虽是从诉之变更角度出发所作的阐释，却与最高人民法院的规定不谋而合。笔者认为，这种理解虽不能说没有道理，然而，在《合同法》的规定本身即有重大缺陷的情况下，《合同法解释（一）》的适用范围难免受到限制。更何况，在前述第二种形态的责任竞合案件中，该规定更是难有适用空间。因为，我国相关立法的立论基础乃是当事人之间存在合同关系，而调解协议尽管本质上也是当事人之间的合意，但由于其所针对的原纠纷范围并不限于合同或者侵权领域，在有调解协议的情况下，实际上存在着两个纠纷事实和两个法律关系。所谓"变更"，其实就意味着"迫使"当事人选择诉讼对象进行诉讼，而当事人一旦选择"失误"，则又会滋生出诸多难以处理的问题。

三、诉讼请求的确定及其类型

基于社会生活的复杂性，当事人对诉讼的利用以及对诉讼结果的预期，是一个复杂的心理过程。其不仅受某些客观因素的制约，而且受相当程度主观因素的困扰。按照日本学者的分析，在面对某种纠纷时，人们是选择通过诉讼以外的方式来解决，或者是否在中途就放弃解决，取决于围绕纠纷的种种情况或因素。也就是说，该纠纷牵涉到的利益大小、纠纷的性质、当事者间的社会关系、利用律师和法院的难易程度、是否存在替代性的纠纷解决方式等，都是规定选择纠纷解决手段的因素。但是，即使假定这些因素一成不变，人们如何认识纠纷以及如

---

〔1〕 江伟主编：《民事诉讼法》（第5版），中国人民大学出版社2011年版，第35页。

何看待利用审判这件事等个人主观的心理过程，在最终是否利用审判的决定上，仍然能够起相当的作用。而且，在利用审判的过程中，因为人们的动机、目的等主观方面的差异，同样会给诉讼的展开带来微妙的影响。[1]

如果当事人（原告）决定启动诉讼程序，其如何确定自己的诉讼请求？这显然是一个很难用理论加以简单描述的命题。实际上，当事人对所涉纠纷的主观认识、对法律信息掌握的程度、有无律师帮助、法院在介入案件后的管理和审理活动，都会对当事人诉讼请求的确定产生不同程度的影响。不过，当事人提起诉讼，自是希望自己的诉请能够得到法院支持，因此，法院如何看待、处理案件，必然会成为当事人的关注点，并且也会尽量按照法院的要求去做。接下来，笔者将重点分析法院对案件的管理和审理活动在责任竞合案件中对当事人诉讼请求确定的影响。

传统理论上，大陆法系的民事法律体系是以实体权利为中心来构建的，我国民法规范基本源自大陆法系，对民事主体的实际保护也从实体权利出发，比较强调法院判决必须以保护法定权利的名义，依法条的明确规定作出。对于当事人而言，在进行诉讼时就必须“依法”进行。从一般意义上来讲，当事人所面对的事实是杂乱而情绪化的，而法院需要的是规范化、格式化的材料与主张。因此，“人们在把问题呈到法院之前，必须使之概念化，成为一个法律问题。原告要意识到法律只会对即将发生的问题有帮助。他们不仅要把问题解释得和自己的理解一样，还要贴近法律的范畴”。[2]换言之，当事人要把纠纷事实

---

〔1〕 参见［日］棚濑孝雄：《纠纷的解决与审判制度》，王亚新译，中国政法大学出版社1994年版，第205页。

〔2〕 ［美］萨利·安格尔·梅丽：《诉讼的话语——生活在美国社会底层人的法律意识》，郭星华、王晓蓓、王平译，北京大学出版社2007年版，第37页。

转换为案件事实才有机会进入“诉讼轨道”。法院这些规范化的要求比较多，其中最典型的莫过于当事人需要提交符合要求的民事起诉状。如果当事人不能提供符合形式规范的诉状，将难以使自己的“案子”顺利进入诉讼程序。在民事诉讼程序中，起诉状具有重大意义，它实际上是原被告与法院进行沟通、交流的主要载体之一。通过起诉状，案件事实、原告的主张、双方争议的焦点，大致都能在一定程度上得到确定。

根据我国《民事诉讼法》的有关规定，当事人的起诉至少必须符合以下四个条件：①原告是与本案有直接利害关系的公民、法人或其他组织；②有明确的被告；③有具体的诉讼请求和事实、理由；④属于人民法院受理民事诉讼的范围和受诉人民法院管辖。[1]所有这些规定的一个集中表现，就是当事人需要提交书面起诉状，尽管法律也规定当事人可以口头起诉。但目前，法院一般都要求当事人提交规范化的民事起诉状，即便当事人确有困难，也可以采用代书，再由当事人签名或盖章的方式实现。依目前通用的起诉状格式，当事人必须填写三方面的资料：双方当事人的详细信息、诉讼请求、事实与理由。在这个标准结构中，对诉讼影响重大的是诉讼请求的表述以及事实与理由部分的阐述。从表达逻辑上讲，有什么样的诉讼请求，就需要相应的事实与理由进行支撑。值得关注的是，在 2012 年《民事诉讼法》第 119 条（即原 108 条）中，有关起诉条件的规定并未改变。其强调的仍然是原告之起诉，应当“有具体的诉讼请求和事实、理由”。在随后的第 120 条和第 125 条中，本次

---

〔1〕 这只是当事人起诉的积极条件，实际上从《民事诉讼法》的规定来看，还有一些消极的条件。比如，根据 2012 年《民事诉讼法》第 124 条的规定，当事人提起民事诉讼还需要避免其所涉及的纠纷属于行政诉讼受案范围、与对方当事人之间有仲裁协议、自身没有被已经发生法律效力的裁判文书拘束等的情况出现。否则起诉极有可能被不予受理，或遭到驳回。

修法虽然增添了一些内容，其主旨却在于降低起诉门槛，方便当事人诉讼，对原告与被告的信息分别提出了不同要求。这样，不仅增加了方便诉讼的联系方式信息，而且更重要的是，减轻了原告起诉的负担，体现了司法为民、司法便民的精神。[1]从理论上看，该规定似乎可以被认定为确立了所谓的“主张具体化义务”，但稍加分析我们就可以发现，该规定中的“具体诉讼请求”与“事实、理由”乃以“和”连接属于并列事项，故该条文事实上仅强调原告所提供的诉讼请求必须是具体的，而不是同时要求诉讼请求所根据的事实也是具体的。[2]

在大陆法系传统下，当事人会被要求根据实体法上的规定提出请求。由于实体法规范具有抽象性，当事人据此能够提出的诉讼请求自然是千变万化的，而这并不妨碍我们从诉讼类型的角度，对当事人的诉讼请求进行认识。从诉讼类型划分的标准看，正是基于诉讼请求的不同，诉讼才会被分为不同的类型。也可以说，“诉讼请求与以当事人要求司法保护的内容为标准划分的诉讼类型在实质上是一致的”。[3]民事诉讼理论一般认为，诉（诉讼）可以被分为给付诉讼、确认诉讼与形成诉讼三种类型。目前的诉讼实践还难以超越上述划分。基于责任竞合案件的特性，站在原告的立场看，一般是以给付诉讼为主，形成诉讼为辅，当然，个别情况下也可能适用确认诉讼。

从前述书面诉状的基本逻辑结构出发，我们可以认为，根据当事人比较明确的诉讼请求，再加上对案件事实和理由的阐述，法官大致能够确定当事人所主张的诉讼性质及其依据。然

---

〔1〕 参见江必新主编：《新民事诉讼法专题讲座》，法律出版社2012年版，第127页。

〔2〕 占善刚：“主张的具体化研究”，载《法学研究》2010年第2期，第120页。

〔3〕 王涛：“基于我国行政诉讼类型的现状思考”，载《人民司法》2002年第11期。

而，由于成文法规范本身就存在竞合，加之我国实行法制化时间较短，法律知识远未普及，且我国民事诉讼代理上采取当事人自愿选择代理人，以及代理人范围非局限为律师等诸多原因，造成当事人诉讼行为的“非规范化”现象非常严重。这种“顺理成章”的看法，实际上并非是诉讼实践的常态，比如，原告在起诉时提出了赔偿损失的请求，然而，仅仅依据该请求无法判定其究竟是以合同关系为依据还是以侵权关系为依据。因为根据我国《合同法》和《侵权责任法》的规定，受害人无论选择哪一个，都有权提出赔偿损失的请求。再者，即使原告在起诉状中叙明了当事人之间存在合同关系，也不能当然地断定其就是以合同关系为依据提起诉讼的，在对方违约侵犯自己权利的情况下，其也完全可以要求以侵权为由追究对方的责任。对此，王伯琦先生早在多年前就指出，在债务（契约）不履行之情形下，大多虽可同时构成侵权行为，但依债务不履行请求赔偿，或者依侵权行为请求赔偿，实际上可能并无出入。〔1〕

四、当事人的选择利益

基于不告不理原则，民事诉讼程序只能因原告起诉而开始，在确定诉讼请求时，当事人（当然主要是原告）起主导作用。“在诉状中，原告必须载明请求的趣旨及请求的原因，以使原告针对被告的权利主张与其针对法院的特定（给付、形成、确认）胜诉判决之要求获得具体的表示。原告的这种权利主张与胜诉判决之要求是否获得认可，则构成了因诉而启动的审判之

〔1〕 参见王伯琦：《近代法律思潮与中国固有文化》，清华大学出版社 2005 年版，第 359 页。

对象。”〔1〕由于实体法中依法律关系性质不同而确定了不同的责任体系，故此，以何种性质的诉讼提出追究对方的法律责任，将产生不同的法律后果，并严重影响对请求人的利益保护。我国学者根据《合同法》中的选择性规定，多认为当事人“必须”在最开始就对请求的法律依据进行选择。这里值得探讨的是，法律所规定之“选择”在实践中的适用问题。

（一）当事人有权自由选择以何种依据主张权利

按笔者理解，依据《合同法》的规定认为当事人应当作出选择是不妥的，因为，实体法的适用只能是在案件最终裁判时才能出现，要求当事人选择其一来主张权利不带有强制性，只能被视为是一种“倡导性”规定。并且，该法规定被严格限定在合同当事人之间适用，合同当事人对其请求权有选择权，可其有权选择处分的后果却不明确。在该法语境中，只有在当事人一方的行为构成违约的前提下，受损害方才有选择的自由。因此，原告如果选择基于违约的请求权，他固然要对被告的行为是否构成违约进行举证。而要求选择基于侵权的请求权，他仍然需要对被告的行为是否构成违约先予举证。因为，如果不能证明被告的行为构成了违约，他就没有满足选择请求权的前提条件。〔2〕同时，该法仅规定权利人行使请求权的选择权，不能排除当事人采用其他方法解决纠纷的途径，而且，该法规定也不能解决当事人同时行使或单独行使多个请求权等程序性问题。根据一般的理解，受损害方只能在基于违约的请求权和基于侵权的请求权之中选择其一。他不能同时主张，亦不能先后主张，更不能以两诉分别主张，或者在前诉终了之后再行起诉

〔1〕［日］新堂幸司：《新民事诉讼法》，林剑锋译，法律出版社2008年版，第145页。

〔2〕段厚省：“请求权竞合研究”，载《法学评论》2005年第2期。

主张。也就是说，原告只有一次选择的机会，也只有一次起诉的机会。那么，如果在经历一次选择和一次诉讼之后，原告所选择的请求权获得满足，他固然也无须再行主张其他的请求权，实际上，其他的请求权也就随之消灭了。因为，对于损害赔偿请求权来说，损害的结果是其构成的要件，当原告选择的请求权因裁判而获得满足时，损害的结果也就因得到填补而消灭了。作为损害赔偿请求权构成要件的损害结果消灭，请求权自然也就消灭了。但是，如果他所选择的请求权因举证不足等原因而未获满足，他所选择的请求权固然因行使而消灭，但未被选择的请求权，既未曾被行使，其要件亦未消灭，损害的结果仍然存在，因此，这个请求权依然存在。既然这个请求权仍然存在，我们有什么理由禁止当事人行使?〔1〕同时，在前述提及的调解协议纠纷中，依据《人民调解法》的授权性规定，一方当事人起诉时，当然有权选择“原纠纷”或者“请求对方履行调解协议”作为诉讼内容，这种选择完全应由当事人自己决定，不受外界干预。

在笔者看来，法律并没有规定当事人“必须”做出选择是明智的。因为，依据“辩论权主义”和“处分权主义”的民事诉讼法理，法院的裁判只能建立在当事人主张基础之上，当事人没有主张的事实和材料不能作为裁判的依据。实际上，当事人如何看待案件事实，以及主张何种诉讼请求，提出何种证据、事实和理由都是一个很复杂的问题。按照法社会学者的观点：“纠纷实际上是一个制造意义的过程，或者更准确地说，是意义的争辩。在这个过程中法律提供了一系列可能的意义。纠纷的过程是一个争论的过程，争论的内容是关于对社会关系和社会

---

〔1〕 段厚省：“请求权竞合研究”，载《法学评论》2005 年第 2 期。

事实的解释。双方对事情都提出了自己的描述，每一方都努力把自己对这一情景的描述确立为权威的、有约束力的描述。第三方也在通过明确的权威形式努力控制事实的意义和结果。法律代表了一系列非常重要的象征性意义。"〔1〕在责任竞合案件中，因为不涉及人身和其他利益，应当适用当事人主义的基本原理，即"当事人主张的彼此的法律关系究竟是一种合同法律关系，还是一种侵权法律关系，抑或是两种法律关系的竞合，属于双方当事人根据各自的利害关系通过证据材料加以证明的范畴"。〔2〕况且，前已提及，仅仅根据诉讼请求也无法断定当事人所提诉讼之性质。"在具体的诉讼中，要当事人一开始就对事件作出正确的法律评价并向法院作出提示，应当说在未实行强制律师主义的诉讼制度下几乎是不可能的。有些事件是伴随着审理的进行，法律要件才能得以特定的。另外，如果在诉讼开始时就特定法律要件，那么就有可能限定审理范围以及为法院适用正确的法律造成障碍。诉状中记载的'请求原因'是与'请求趣旨'相辅相成的，随着辩论的进行，两者只要能够达到明确究竟是什么请求，即基于满足何种法律要件而产生的权利主张程度即可。"〔3〕正是基于对现实生活中个案的复杂性、多样性考虑，我国立法才赋予了当事人自由选择的权利。依据目前的民事实体法规范，不同请求权损害赔偿的范围、是否涉及第三人、是否允许抵消等都是不同的。例如，在侵权的情形下，赔偿范围是受害人因侵权行为而遭受的损失，因侵权行为遭受损

---

〔1〕 参见［美］萨利·安格尔·梅丽：《诉讼的话语——生活在美国社会底层人的法律意识》，郭星华、王晓蓓、王平译，北京大学出版社 2007 年版，第 10 页。

〔2〕 毕玉谦："诉的变更之基本架构及对现行法的改造"，载《法学研究》2006 年第 2 期。

〔3〕 ［日］中村英郎：《新民事诉讼法讲义》，陈刚、林剑锋、郭美松译，法律出版社 2001 年版，第 118～119 页。

失的所有受害人，均可请求赔偿。而在违约的情形下，债权人只能是契约的对方，在有约定的情形下，赔偿的数额还受到限制。〔1〕从请求权选择的利益导向上看，单纯涉及受害人人身伤亡、精神损害的情况，以侵权为由进行诉讼更为合理，因为合同责任不能对此提供补救。单纯涉及财产损失的，按合同纠纷处理对受害人更为有利。但目前的相关立法还没有对于前述混合的情况进行合理规范，导致无法完全实现当事人的诉求。所以，一律要求当事人在起诉时确定自己诉讼请求的法律依据并不合理，应当允许当事人在诉讼过程再对此予以确认。同时，当事人还可根据案件进展情况，对诉讼请求予以变更。

（二）案由不能成为责任竞合案件审理的障碍

如前所述，在责任竞合案件中，当事人“有权”选择，但由于存在案由制度，这里需要辨明，当事人是否“必须”选择的问题。司法实践中，有的人民法院在立案时常常要求当事人必须列明案由，如果起诉状中不列明案由，或者认为未找到恰当的案由，人民法院便不予立案。在最高人民法院颁行的《民事案件案由规定》中，违约责任有违约的案由，侵权责任有侵权的案由。在诉讼性质混乱需要明晰时，法院以民事案由作为判断诉讼性质的依据。这种方法实际上是法院自己对案件性质的选择，显然并不合理。

众所周知，民事案由的确定，是法院在对当事人提交的案件材料进行初步审查基础上，对诉权性质和法律关系得出的一种简单判断。当事人的诉讼请求是其根据切身利益以及对案件事实的理解与认识所提出的，是诉权的本质反映。而法院通过职权作出对案件事实的认定，必然涉及对当事人诉讼请求的考

---

〔1〕 参见茆荣华、黄晓陶：“请求权竞合下的既判力探析”，载《人民司法》2007 年第 19 期。

量与认识，如果依职权直接干预当事人诉权的行使，必然会影响法院的中立地位，使审判权的运用不恰当地介入当事人的利害纷争，从而在法理上难以划清当事人诉权与法院审判权之间相对制衡的界限。〔1〕

从民事诉讼程序的基本构造上看，当事人的主要权利在于，向法官提供诉讼所涉及的争议事实。如何对事实进行定性，以及如何对这些事实适用法律原则都是法官的职权。〔2〕因此，笔者认为，当事人在起诉状中可以不对诉讼性质进行选择，如果他们在起诉时明确了不同诉讼性质而作出选择当然更好；如果没有，则可以在审理程序中通过法官行使“释明权”加以确定，或者是根据双方当事人主张和举证的情况，依两种责任不同的性质、法律特征等综合起来进行分析，进而正确确定案由。若当事人在诉讼请求中明示以合同或侵权之法律关系为起诉基础，则以当事人诉请之法律关系为准确定案由。换言之，当事人起诉时的诉讼请求是自由确定的，并不必然涉及对诉讼性质的选择。法院不能因为自己对案件管理的需要而侵害当事人起诉的自由。对此，《最高人民法院关于印发修改后的〈民事案件案由规定〉的通知》（2011 年）就再次明确规定，民事案件案由应当依据当事人主张的民事法律关系的性质来确定。各级人民法院要正确认识民事案件案由的性质与功能，不得将修改后的《民事案件案由规定》等同于《民事诉讼法》第 108 条（即 2012 年《民事诉讼法》第 119 条）规定的受理条件，不得以当事人的诉讼请求在修改后的《民事案件案由规定》中没有相应

〔1〕 毕玉谦：“诉的变更之基本架构及对现行法的改造”，载《法学研究》2006 年第 2 期。

〔2〕 参见［法］让·文森、塞尔日·金沙尔：《法国民事诉讼法要义》（上），罗结珍译，中国法制出版社 2001 年版，第 534 页。

案由可以适用为由，裁定不予受理或者驳回起诉，影响当事人行使诉权。在请求权竞合的情形下，人民法院应当按照当事人自主选择行使的请求权，根据当事人诉争的法律关系的性质，确定相应的案由。当事人在诉讼过程中增加或者变更诉讼请求导致当事人诉争的法律关系发生变更的，人民法院应当相应变更案件案由。在请求权竞合的情形下，人民法院应当按照当事人自主选择行使的请求权，根据当事人诉争的法律关系的性质，确定相应的案由。[1]显然，该规定与笔者的前述主张基本一致，其强调的是案由不能妨碍当事人行使诉权，当事人享有选择行使请求权的自由。

五、诉讼请求的增加与变更

我国《民事诉讼法》及相关规定明确肯定了当事人有增加、变更诉讼请求的权利，而且，该变更还没有时间上的限制。[2]我国学者一般习惯于讨论“诉的变更”问题，因此，诉讼请求的变更便顺理成章地被诉的变更所吸收。然而，问题在于，“诉包含了诉讼请求，但诉不是诉讼请求。诉讼请求性质上发生变化，诉并非必然发生性质上的变化。同时，诉的变更并非必然伴有诉讼请求的变化。如侵犯名誉权案件，原告的诉讼请求为赔礼道歉，诉讼中原告放弃赔礼道歉的诉讼请求，要求赔偿损失，诉讼请求完全不同，但诉讼标的及诉在性质上均未发生变化”。[3]因此，只是泛泛而谈诉的变更，而不去仔细分析我国法律的具体规定，其实践价值难免大打折扣。

---

〔1〕 详见法［2011］42号文件二—1，三—2，三—4，三—6中的各项规定。

〔2〕 当然，从理论上看，只能在法庭辩论终结之前提出，否则变更将失去意义。

〔3〕 参见王国征：“论诉的变更”，载《中国人民大学学报》1999年第6期。

前已提及，在诉讼请求的定位上，因对诉讼标的的认识不同而多有争议，而诉讼请求又主要是当事人诉讼目的的表达，不能被简单地等同于诉与诉讼标的。在实际的诉讼中，当事人的诉讼请求，才是法院直接的审判对象，法院裁判时必须对此请求予以回应。但是，法院的裁判结果又必须要有事实和理由，在依法裁判原则下，法院的裁判不得不在既有私法体系中寻求依据，只有当事人的权利主张及其权利依据符合“法的规定性”时，其利益才可能受到司法保护。正如日本学者所言：“既然诉乃原告为保护其权利向法院提出的就争议案件作出判决之请，那么，诉讼中审判的对象则为该诉中当事人的权利主张。所谓权利主张，则是以实体法规定构成要件充足为由请求该要件对应的法律效果（Rechtsfolge）。亦即主张针对具体案件之实体法规定的法律效果。现代法律体制之下，‘诉讼上请求’乃远较‘实体法上请求’更为宽泛的概念。除‘给付请求’（Leistung-sanspmch）之外，诉讼上的请求尚包括‘确认请求’（Feststel Uungsanspmch）以及‘创设请求’（形成请求，Rechtsgestaltung-sanspmch）。诉讼的目的（即诉讼标的）无疑是‘诉讼上的请求’。然而，原告主张的‘诉讼上请求’之基础倘若剥离具体的‘权利或法律关系’（Recht oder Rechtsverhähnis）则荡然无存。〔1〕依笔者理解，强调诉讼请求的权利基础，主要还是从案件裁判角度而言，但无论如何都不能成为判断起诉是否合法的依据。因为，实践中常常出现当事人在了解对方证据与反驳意见等诉讼资料后，才发现自己的诉讼请求与理由需要调整的情况。如果不允许其变更，就难以实现司法制度关于公正、效率等方面的价值追求。实际上，考察德国、日本等大陆法系国家的民事诉讼立

---

〔1〕 参见［日］中村宗雄、中村英郎：《诉讼法学方法论——中村民事诉讼理论精要》，陈刚、段文波译，中国法制出版社 2009 年版，第 124 页。

法史，我们可以发现，这些国家均有放宽诉之变更的限制，扩大其适用范围的趋势。[1]易言之，为了达到纠纷的妥当处理，应当允许当事人进行诉的变更。只是，当事人如何进行变更，却不是一个很容易解决的问题。

（一）诉讼请求增加和变更的具体情况

根据笔者的观察，实务中，当事人诉讼请求的增加与变更有两种情况：一是“诉讼请求事项增减”。比如，原告开始请求法院判令被告“继续履行合同”，后又增加“赔偿损失”的请求（减少的情况反推即可）。二是“单个请求事项量上的增减”。比如，原告开始请求法院判令被告“赔偿损失”10 万元人民币，后又将该赔偿额度增加到 20 万元人民币。[2]一般来说，当事人减少诉讼请求，不会给审理造成妨碍，而增加诉讼请求，则很可能影响诉讼程序的顺利进行。这其中，又可能有两种不同情况：

第一，权利依据不变，只是权利主张范围的变化。即当事人诉讼请求的变更只是在各自责任范围内的变化。换言之，在请求权依据不变的前提下，只要是在侵权责任与违约责任各自

〔1〕 参见民事诉讼法研究会：《民事诉讼法之研讨》（三），三民书局 1990 年版，第 539~614 页。

〔2〕 对此，实务界人士的理解也基本一致：增加诉讼请求，就是指在起诉、反诉诉讼请求的基础上再多加一些其他的诉讼请求。一是诉讼请求事项的增加。如原告起诉时要求法院判令被告归还借款本金，后又增加要求被告支付从借款时至本金还清时的利息。二是诉讼请求量的增加。如原告起诉时的诉讼请求是：停止侵害，消除影响，恢复名誉，赔偿其精神损害抚慰金 5000 元。后又将精神损害抚慰金提高到 10 000 元。其中所提高的 5000 元，就是增加的诉讼请求，属量的增加。而变更诉讼请求，是指当事人将先前提出的诉讼请求更换为新的诉讼请求。也有两种情况：一是当事人要求相对方承担民事责任的方式的更换；二是当事人认为其主张的法律关系的性质或者民事行为的效力发生变化，需要变更诉讼请求。参见何建华：“增加、变更诉讼请求时限制度若干问题探讨”，载中国法院网：http://www.chinacourt.org/article/detail/id/117242.shtml，访问时间：2012 年 9 月 23 日。

所能包容的范围内，当事人原则上都可以变更。比如，根据《侵权责任法》第15条之规定，侵权责任的承担方式包括：停止侵害、排除妨碍、消除危险、返还财产、恢复原状、赔偿损失、赔礼道歉、消除影响、恢复名誉等。当事人如果明确了权利主张依据，则完全可以根据自身利益判断，在这些责任形式中进行增减与转换。当然，从理论上看，变更的前提是不能损害被告的防御权，以及影响法院的审理活动。〔1〕

第二，权利主张的变化后，导致权利依据随之而变。当事人所提新的诉讼请求超越了侵权责任与违约责任所能承载的范围。此时，前后两请求所主张的权利、法律依据均有所变化。比如，假设原告开始明确主张或者经法官释明后主张“违约之诉”，尔后又增加要求被告“赔礼道歉”或者“精神损害赔偿”的诉讼请求。由于我国现行民法规范中，《合同法》基本上不能对人身权方面的利益提供保护，这就导致原告起初所主张的违约责任，不能包容其诉讼请求。虽然在实体法上，可以以“民事责任聚合”的方式，允许受害人同时主张侵权责任和违约责任，对其全部损失进行救济，〔2〕但是，由于我国并不承认“诉的客观预备合并”制度，加之侵权案件与合同案件的管辖规则区别又很大，这就可能导致已经进行的审理活动归于无效。而此时，对对方当事人也非常不公平，因为，侵权案件与合同案件各自的构成要件、举证责任的承担差别较大，变更请求会增加该方当事人的负担。从民事诉讼法理上分析，如果在当事人为诉之变更后，出现了诉讼被置于全新基础上，原告必

〔1〕 也即是说，此时还是应当有所限制，但主要是一种形式上的限制，对此下文将论及。

〔2〕 参见王利明：《民法总则研究》，中国人民大学出版社2003年版，第293~294页。

须重新声明证据，且被告需要显著变动防御的情形，则应被视为欠缺诉变更之适当性。[1]因此，尽管法律并不禁止当事人进行诉讼请求的变更，但基于诉讼公正的考量，也应当受到一定限制。

（二）诉讼请求变更的限制

笔者认为，参照现行相关规定以及民事诉讼理论研究成果，目前，我们可以接受的限制主要有两个方面：一是时间上的限制；二是取得被告的同意或法院批准。

1. 时间限制

从司法实践的情况看，当事人增加、变更诉讼请求以及提起反诉，并不总是在开庭前实施，往往是开庭过程中或开庭后实施的。依《民事诉讼法》的规定，案件开庭审理主要有两项内容：法庭调查和法庭辩论。双方当事人的诉讼行为，是根据对方的主张及辩论的情况来加以确定的，是不断变化的，一方当事人在调查和辩论中发现有需要增加和变更诉讼的必要才会提出。[2]如果不允许当事人变更自己的诉讼请求，很可能导致诉讼结果的不公正。在当事人诉讼请求变更的时间限制上，《合同法解释（一）》规定为开庭前，而《证据规定》则要求在举证期限届满之前，二者明显存在一定的"时间差"。

举证期限制度自开始适用以来引发的争议颇多，涉及的问题也相当复杂。2012年《民事诉讼法》第65条确认了举证期限制度的合法性，并基于案件多样性的考量，设计了不同的处理方式，总体而言是采取了缓和的立场，根据具体情形区分了逾期

---

〔1〕 参见许士宦："诉之变更、追加与阐明"，载《台大法学论丛》（第32卷）2003年第3期。

〔2〕 参见张卫平："举证时限制度若干问题探讨"，载《人民司法》2003年第9期。

举证的不同法律后果。[1]由于新法在诸多细节上含混不清，其目的明显在于期待最高人民法院根据实践经验自行细化。[2]可以展望的是，2012年《民事诉讼法》施行后,《证据规定》中的相关内容要进行“外科手术”式的改动恐怕是很困难的。笔者认为，就本章的主旨而言，该规定中的内容颇有检讨之必要。一般来说，举证期限的届满都是在开庭审理之前，[3]但这是针对当事人举证行为而言的，实际上，当事人变更诉讼请求的想法，往往在案件审理过程中根据双方举证、质证的情况才会产生，要求在开庭之前，甚至是（一般）更为提前至举证期限届满前就提出申请，无异于否定了当事人有变更诉讼请求的权利，实不足取。因此，笔者主张，对于当事人变更诉讼请求的申请，只要在法庭辩论终结前都可以提出，至于是否会产生其追求的法律效果，还需考虑其他因素。依前所述，如果是减少或降低诉讼请求，一般都应当准许。而如果增加诉讼请求，则更需被告方同意或者法院批准方为有效。

2. 被告的同意或法院批准

原告一旦对诉讼请求进行了增加或变更，完全有可能对被告抗辩和有效防御带来不利影响，从而损害其程序利益。所以，有关国家和地区的立法例和学说均赋予了被告对此的否决权。但严格坚持被告的同意的做法也非妥当，如果基于公法程序上的利益考虑，法院当然也可以依职权准许原告进行诉的变更或追加，从而达到充分利用诉讼程序，一次性解决当事人之间纷

---

〔1〕 江必新主编:《新民事诉讼法专题讲座》，法律出版社2012年版，第91页。

〔2〕《最高人民法院关于适用〈中华人民共和国民事诉讼法〉的解释》于2014年12月18日，由最高人民法院审判委员会第1636次会议通过，并自2015年2月4日起施行。该解释的第99至102条，对举证期限进行了规定。

〔3〕 当然有例外，比如开庭审理后，对方当事人提出反驳证据也可能存在举证期限问题。

争的目的。如《德国民事诉讼法》第263条[1]之规定等就是例证。

（三）诉讼请求变更的进行

从我国目前的相关规定及诉讼实务来看，诉讼请求变更的方式有两种：一是当事人主动“申请”变更；二是诉讼进行过程中，当事人根据法院“释明”而被动变更。

对第一种方式而言，因诉讼请求的增加、变更系重大诉讼行为，原则上要求当事人以书面方式为之。在简易程序中，原告可以不向法院提交起诉状，由书记员将原告追加或变更诉的陈述记入笔录；在普通程序中，则应当提交起诉状。[2]当事人诉讼请求额度上的变更，一般不会影响诉讼进行。不过需要注意的是，在当事人诉讼请求额度扩张的情况下，根据我国级别管辖的规定，有可能导致法院管辖权的转移。但在诉讼请求缩小的情况下，受诉法院一般不予移送。

如果当事人诉讼请求的变更导致其权利依据也发生了变更，有可能造成法院管辖权的变化。因为根据《民事诉讼法》的相关规定，合同纠纷应由合同履行地或被告住所地管辖，同时，双方也可以通过书面协议选择被告住所地、合同履行地、合同签订地、原告住所地、标的物所在地等与争议有实际联系的地点的人民法院管辖（2012年《民事诉讼法》第34条）。而一般侵权之诉，只能由侵权行为地或被告住所地管辖，但因铁路、公路、水上和航空事故的损害赔偿的侵权之诉，除可由上述两

---

〔1〕《德国民事诉讼法》第263条规定，诉讼系属发生后，在被告同意或法院认为有助于诉讼时，准许为诉之变更。参见谢怀栻译：《德意志联邦民事诉讼法》，法律出版社2001年版，第63页。

〔2〕 参见常怡主编：《民事诉讼法学》，中国政法大学出版社2008年版，第174页。

地法院管辖外，还可以由车辆、船舶最先到达地，航空器最先降落地法院管辖，海事侵权纠纷管辖另有其他特别规定。如果当事人诉讼请求所依据的法律关系性质发生变化，并得到允许，则可能遇到原受诉法院无管辖权的情况。所以，《合同法解释（一）》才会规定："对方当事人提出管辖权异议，经审查异议成立的，人民法院应当驳回起诉。"

第二种变更方式则相对较为复杂。《证据规定》第35条规定："诉讼过程中，当事人主张的法律关系的性质或者民事行为的效力与人民法院根据案件事实作出的认定不一致的，不受本规定第三十四条规定的限制，人民法院应当告知当事人可以变更诉讼请求。"这一规定涉及法院的职权和当事人诉请之间的关系，在责任竞合情况下尤其需要仔细分析。

对于该条规定，我国民事诉讼法学界普遍将其与法官的"释明权"或"释明义务"联系在一起进行阐述。从文义上看，法院"应当告知"当事人"可以变更诉讼请求"，这一点是明确的，但没有规定具体的时间阶段，也没有规定如果法官没有告知的法律后果。另外，法官告知当事人"可以变更诉讼请求"只是问题的一个方面。基于多种考虑，当事人可能拒绝变更诉讼请求。假设当事人所主张的法律关系性质或民事行为的效力与法官根据案件事实作出的认定不一致，而当事人又拒绝顺应法官的认定，作裁判根据上的相应变更的，法官应该如何判决？如果从这些方面考察的话，把此条规定理解为法官的"释明权"或"释明义务"是不够妥当的。〔1〕

尽管学理上对该规定是否明确了"释明权"尚有争议，但实务中，法官据此实际上获得了对于当事人诉讼请求的审查权

---

〔1〕参见张卫平："民事诉讼'释明'概念的展开"，载《中外法学》2006年第2期。

当无疑问。因此，对法官“释明”的限制以及当事人合法权益保护之间的“协调”，是需要我们认真对待的重要课题。就目前而言，笔者认为，即使根据该条规定，我们也不能当然得出结论，当事人必须把自己的诉讼请求完全对应于唯一的实体法律关系。是否选择，如何选择，都必须由当事人自行决定，这是意思自治原则在民事诉讼中的必然体现。

/ 第十章 / CHAPTER10

第三人撤销之诉

1975年，《法国民事诉讼法》在“非常上诉第三人异议”章节对第三人撤销之诉制度作出了系统的规定，一直沿用至今。此外，日本、意大利等国也相继确立了该制度。2012年，我国修正《民事诉讼法》时，在第五章第一节第56条中增加了第3款：“前两款规定的第三人，因不能归责于本人的事由未参加诉讼，但有证据证明发生法律效力的判决、裁定、调解书的部分或者全部内容错误，损害其民事权益的，可以自知道或者应当知道其民事权益受到损害之日起六个月内，向作出该判决、裁定、调解书的人民法院提起诉讼。人民法院经审理，诉讼请求成立的，应当改变或者撤销原判决、裁定、调解书；诉讼请求不成立的，驳回诉讼请求。”从而确立了第三人撤销之诉。

一、第三人撤销之诉的概述

（一）第三人撤销之诉的概念

第三人撤销之诉，是指因不能归责于自身的事由未参加诉讼，确有证据证明生效的裁判、调解书的部分或者全部内容错误，且损害其民事权益的第三人向人民法院提出撤销、变更该生效裁判、调解书的诉讼。《民事诉讼法》第56条规定的第三人撤销之诉属于独立型第三人撤销之诉[1]，适用一审普通程序审理；不服第三人撤销之诉一审判决的，当事人可以上诉；认为生效的第三人撤销之诉的裁判、调解书有错的，当事人可以申请再审。

（二）第三人撤销之诉的特点

1. 第三人撤销之诉是形成之诉

形成之诉，也被称为变更之诉，是指根据法院的裁判使得实体权利义务关系发生变动的诉讼。此时，法院承认该请求的判决被称为形成判决，使得权利义务关系发生变动的法律效力被称为形成力。第三人撤销之诉是相关利益受到侵害的第三人因不能归责于自身的原因未参加诉讼，而原诉讼中已生效的判决、裁定、调解书确有错误而向法院提起的撤销、变更原生效法律文书的诉讼。第三人提起撤销之诉的直接目的就是要求法院撤销、变更对其不利的判决、裁定、调解书，从而变动相关的法律关系。因此，第三人撤销之诉是一种形成之诉。

2. 第三人撤销之诉是一种事后救济程序

以判决生效与否为依据，可以将保障第三人权益的诉讼分为事前救济程序和事后救济程序。事前救济程序主要体现为第三人参加之诉，对于有独立请求权的第三人，有权独立提起诉讼，在事前一次性解决纠纷；对于无独立请求权的第三人，可以向法院申请参加诉讼，或者由人民法院依职权通知其参加诉讼，这是对第三人的事前救济程序。那么，对于第三人确实不知道原诉正在或已经进行，或者法院确实不知道存在案外第三人的情况下，法院作出了对第三人不利的、错误的裁判、调解的，第三人可以通过提起第三人撤销之诉保护自身合法权益，

---

〔1〕 江伟、肖建国主编：《民事诉讼法》，中国人民大学出版社 2015 年版，第 373 页。

这是一种事后救济程序。第三人撤销之诉的设立能够保障第三人的程序性权利和实体性权利。

3. 第三人撤销之诉是一种特殊救济程序

第三人撤销之诉之“特殊”主要表现在以下几个方面：

第一，主体特殊。依照《民事诉讼法》第56条的规定，提起第三人撤销之诉的主体必须是因不可归责于自身的原因而未参加诉讼的有独立请求权的第三人和无独立请求权的第三人两类，不同于普通程序中适格的主体是对诉讼标的享有利益的当事人，第三人撤销之诉的提起主体有其法定性和特殊性。

第二，审理程序特殊。首先，根据《民诉法解释》第293条第3款的规定，第三人撤销之诉并不像一审普通程序那样实行立案登记制，而是实行立案审查制，第三人提起撤销之诉在立案时需要对其主体资格以及所提交的相关证据进行初步审查，而司法实践中有很多的第三人撤销之诉是因为主体不适格或者证据不足而被裁定不予受理或驳回诉讼请求。这将会提高第三人提起诉讼的门槛，阻碍第三人维权。但如果能够做到立案审查实质化也可以很好地防止第三人滥用诉权，维护原裁判的稳定性。其次，第三人撤销之诉虽然参照适用一审普通程序，但不适用简易程序，法院在审理第三人撤销之诉时应当组成合议庭进行审理。对于合议庭组成人员是否可以吸收原审的合议庭成员，法律并未作出明确规定，理论界也存在不同的看法，但笔者认为是可以的，理由是原审判成员经过对原案件的审理，对案件更熟悉，能够更好地了解案情，相对而言可以节约司法资源，提高审判效率。最后，第三人撤销之诉的撤销内容也很特殊，仅限于裁判主文和调解结果，不对程序内容进行处理，如果程序及内容有误应申请再审。而且，第三人撤销之诉只是撤销、变更原生效判决、裁定、调解书中对第三人不利的部分或确有错误的部分，并不是全盘否定原生效法律文书。这样既能够保护第三人的权益，又能够维护原生效法律文书的稳定性，使之仍然在原当事人中发生效力，保障裁判的相对性。

第三，程序定位特殊。第三人撤销之诉既不属于普通审判程序，又不属于审判监督程序。法国将第三人撤销之诉规定在“非常上诉第三人异议”章节，属于一种特殊程序。我国将第三人撤销之诉规定在“诉讼参加人”一章，在第三人制度后设立了这一制度，这种立法体例显然不够合理。第三人撤销之诉的程序定位比较特殊，笔者认为，第三人撤销之诉应该是一种保护第三人合法权益的独立的诉讼程序，其审理程序是参照普通程序进行的，不服一审判决可以上诉，生效判决确有错误的可以申请再审。但是，第三人撤销之诉的直接目的是撤销、变更原生效法律文书中的错误部分，其又与再审程序着有相同的功能，能够起到纠错和监督的作用。

（三）第三人撤销之诉的功能

1. 打击恶意诉讼、虚假诉讼

第三人撤销之诉作为案外第三人事后寻求法律救济的重要程序，在打击恶意诉讼、虚假诉讼中发挥着独特的功能。虽然《民事诉讼法》第112条明确规定禁止恶意串通、虚假诉讼，但是在司法实践中当事人恶意串通，以虚假诉讼、仲裁、调解等方式侵害第三人合法权益的案例仍频频发生，比如第三人作为债权人，因债务人与其他人恶意串通制造虚假诉讼使得债务人责任财产减少，从而导致该第三人的债权得不到圆满实现。又如夫妻双方通过离婚调解协议分割共同财产从而逃避债务等。当事人滥用诉权的行为不仅会侵害第三人的实体权益还会侵害第三人的程序权益，第三人通过启动再审程序寻求救济的方式较直接提起第三人撤销之诉的方式立案门槛更高、诉讼成本更高、维权阻碍更大。因此，设置第三人撤销之诉，案外第三人在有证据的情况下可以直接请求法院撤销、变更对其不利的裁判、调解，给第三人寻求救济提供了另一条路径，使得第三人能够更高效、合理地维护自身利益，也能够有效地打击恶意诉讼、虚假诉讼，清理司法环境，维护司法秩序。

2. 保护第三人的合法权益

在我国，设立第三人撤销之诉最根本的目的是保护第三人的合法权益，实现司法正义。第一，从保护第三人实体性权益来看，第三人撤销之诉胜诉后，法院会撤销或变更原裁判、调解书中对第三人不利的部分，从而使得原审案件中的法律关系发生变动，且这种法律关系的变动是最直接、最有效的，不需再经过公示公信程序，能够直接维护第三人的实体权利。第二，从保护第三人程序性权益来看，第三人撤销之诉的设立能够为第三人提供事后救济程序，弥补事前救济程序的缺位与不足，使得第三人维权在程序上事前、事后均有救济渠道，更好地保障第三人寻求救济的途径。另外，相比于申请再审这一终极维权程序而言，假若第三人不服第三人撤销之诉的判决，仍可以上诉或申请再审，从而充分保障第三人的诉讼权利，使得第三人的程序性权利得到较为全面的保护。

（四）第三人撤销之诉的诉讼要件

依照《民事诉讼法》第 56 条第 3 款的规定，第三人撤销之诉的诉讼要件包括主体要件、程序要件、实体要件、结果要件、时间要件、管辖要件六个要件，六者不可或缺，也是第三人撤销之诉立案审查的重要条件。

（1）主体要件。《民事诉讼法》规定第三人撤销之诉的原告是有独立请求权的第三人和无独立请求权的第三人，被告是生效裁判、调解书中的当事人，即审讼案件的原被告，他们是第三人撤销之诉的共同被告，原审案件中无独立请求权的第三人若没有承担法律义务，则参照原诉讼法律地位列明，为第三人撤销之诉的第三人。

（2）程序要件。第三人撤销之诉的程序要件是“因不能归责于本人的事由未参加诉讼”，具体指的是不知道诉讼而未参加的、申请参加而未获准许的，知道诉讼但确实因客观原因无法参加的以及其他情况。〔1〕这也意味着第三人在提起撤销之诉时，需要提供相关证据材料证明其是因为不可归责于自身的原因未参加诉讼，以便法院进行立案审查。

（3）实体要件。第三人撤销之诉的实体条件是“发生法律效力的判决、裁定、调解书的部分或者全部内容错误”。值得注意的是，《民诉法解释》第296条明确规定只有判决、裁定的主文，调解书中处理当事人权利义务关系的结果的部分错误才能提起第三人撤销之诉，即只有法律文书中的事实认定错误、法律适用错误、裁判理由和裁判结果错误才能提起撤销之诉。至于裁判结果不合理、审判程序本身存在瑕疵或错误以及程序性内容有错误则不能提起第三人撤销之诉，应该申请启动再审程序处理。

（4）结果要件。第三人撤销之诉的结果要件是“损害其民事权益”。只有生效的判决、裁定、调解书内容的错误导致了第三人民事权益受到侵害，才能提起第三人撤销之诉，否则不能适用关于第三人撤销之诉的规定，这里强调结果要件必须与生效法律文书错误之间存在因果关系，而且该“民事权益受到损害”既包括第三人的物权受到损害也包括债权受到损害，区别于《侵权责任法》不保护债权侵权的情况。

---

〔1〕 参见《民诉法解释》第295条。

（5）时间要件。第三人应该在“自知道或者应当知道其民事权益受到损害之日起六个月内”提起第三人撤销之诉，这6个月自原生效判决、裁定、调解书送达后开始计算，是除斥期间，不能中止、中断、延长，但是该期间是主观起算的，客观方面没有限制，保障了第三人行使诉权。

（6）管辖要件。第三人应该“向作出该判决、裁定、调解书的人民法院提起诉讼”，即原案件审理法院对第三人撤销之诉享有管辖权，注意与申请再审的管辖法院区别。

二、第三人撤销之诉与其他诉讼制度

在我国，为了充分保障第三人的合法权益，立法中已经设立了第三人参加诉讼制度、案外人申请再审制度以及案外人异议、案外人异议之诉制度，这些制度与第三人撤销之诉存在紧密联系，既存在相似之处或发挥着共同功能，但各自又有独立存在的空间。研究第三人撤销之诉与其他诉讼制度之间的关系，能够帮助厘清各种制度的适用范围，以供第三人选择适用，全面保障其合法权益。

（一）第三人撤销之诉与第三人参加之诉

第三人参加之诉是指有独立请求权的第三人与案件处理结果有法律上的利害关系的无独立请求权的第三人在他人诉讼已经开始、法院作出判决之前参加的诉讼。第三人参加之诉的主体有两类：一类是有独立请求权的第三人，是指对当事人双方的诉讼标的享有独立请求权而独立提起诉讼的第三人，此时，第三人成了参加之诉的原告，本诉中双方当事人成了参加之诉的共同被告。另一类是无独立请求权的第三人，是指虽然对当事人双方的诉讼标的不享有独立请求权，但是，与案件处理结果有法律上的利害关系的第三人，“法律上的利害关系”既可以是实体法上的，也可以是程序法上的，所以，无独立请求权的第三人既可能是直接承担不利法律后果的被告型第三人，也可能是辅助进行诉讼型的第三人。无独立请求权的第三人参加诉讼的方式可以依第三人主动申请，亦可以依法院职权通知。第三人撤销之诉是第三人在法院作出生效裁判、调解书之后提出的诉讼。由此我国可以看出，第三人撤销之诉与第三人参加之诉的区别有二：第一，提起时间不同。第三人参加之诉的提出时间是本诉判决作出之前，发挥着事前救济的功能；第三人撤销之诉的提出时间是原诉讼判决、调解书生效之后，发挥着事后救济的功能。第二，提起方式不同。第三人参加之诉中有独立请求权的第三人参加诉讼的方式是第三人独立提起诉讼，无独立请求权的第三人参加诉讼的方式是第三人申请或法院通知；第三人撤销之诉只能是第三人主动独立提起撤销之诉。

假若第三人已经参加到诉讼中，则不会有第三人撤销之诉存在的空间，那么，如何保障第三人能够及时参加诉讼，把握好事前救济的机会，建立诉讼告知制度则显得十分必要。

（二）第三人撤销之诉与案外人申请再审

第三人撤销之诉与案外人申请再审均是《民事诉讼法》为利益受侵害的案外第三人寻求救济设立的救济程序，而且，两种程序均属于事后救济程序，都希望对已生效裁判、调解书予以撤销或变更，都是自知道或应当知道之日起 6 个月内提出，都需要进行立案审查，其目的都是保护案外第三人的合法民事权益，实现司法正义。但是，二者存在下列不同。

第一，提起主体不同。从我国目前的立法来看，第三人撤销之诉的提起主体仅限于因客观原因未参加诉讼的有独立请求权的第三人和无独立请求权的第三人两类主体，如因为法院未及时发现或查明而未参加诉讼的第三人。案外人申请再审的提起主体分为案外必要共同诉讼人和案外第三人两类，因此，案外人申请再审可能有三种情况：一是在原审中未被法院列明或未被法院告知参加诉讼的案外必要共同诉讼人和案外第三人申请再审；二是在当事人申请执行前，若案外必要共同诉讼人认为原生效法律文书存在错误而申请再审，若案外第三人认为原生效法律文书存在错误则既可以提起第三人撤销之诉又可以申请再审；三是在当事人申请执行过程中，案外必要共同诉讼人和案外第三人提出案外人执行异议被驳回后申请再审。

第二，提起事由不同。第三人撤销之诉仅以第三人因不可归责于自身的原因未参加原诉讼，且原生效裁判、调解书损害其民事权益而提起诉讼，仅限于实体内容错误。案外人申请再审的事由在《民事诉讼法》第 200 条中规定了 13 项，既涉及实体问题又涉及程序问题，不难看出，第三人撤销之诉与案外人申请再审的提起事由存在交叉，但申请再审的事由比第三人撤销之诉提起事由的范围更大。

第三，管辖法院不同。第三人撤销之诉的管辖法院是作出生效判决、裁定、调解书的人民法院。案外人启动再审程序的管辖法院既可以是原审法院，又可以是原审法院的上一级法院，还可以由上级法院提审或由上级法院指定给原审法院同级的其他法院管辖。

第四，程序适用不同。第三人撤销之诉适用一审普通程序审理，可以上诉或申请再审。案外人申请再审适用审判监督程序，应按原审结程序审理。若生效判决是一审的，可以上诉；若生效判决是二审的，不可以上诉，且一个案件只能申请再审一次。

第五，审理范围不同。我国民事诉讼法并未对第三人撤销之诉的审理范围作出明确的立法规定，司法实践中，不同地区的法院对第三人撤销之诉的审理范围也不统一，有的法院是针对第三人的请求撤销、变更的范围进行审理的，有的法院是针对案件的实体权利义务进行全面审理的。而案外人申请再审的审理范围是全面重新审理，这与再审程序有错必纠的功能有关。再审是当事人寻求救济的最后一道保障程序，也是当事人彻底解决纠纷的最后一次机会，所以，需要对案件进行全面审理，审理结果可能是对原审内容的全面否定。

（三）第三人撤销之诉与案外人异议之诉

在案件进入执行阶段，当事人或利害关系人的利益受损时，可以通过执行异议进行执行救济。执行异议的一个延伸概念叫案外人异议，我国民事诉讼法规定案外人可以针对执行标的提出案外人异议，即案外人若对执行标的享有足以排除强制执行的实体权利的，可以向该执行法院提出不许对该标的实施强制执行的请求。[1]案外人异议是案外人异议之诉（也叫第三人异议之诉）的前置程序。依照《民事诉讼法》第 227 条之规定，法院在收到案外人异议后 15 日内进行审查，若法院裁定驳回案外人异议，案外人可在 15 日内提起案外人异议之诉。此时，案外人为原告，执行申请人为被告，若被执行人不反对案外人主张该项实体权利的，则列为第三人，若反对，则应列为共同被告。值得注意的是，由于原诉讼的裁判、调解书未出现错误，案外人不能在此种情况下启动第三人撤销之诉或再审程序，这是案外人异议之诉与第三人撤销之诉、案外人再审的本质区别所在。

案外人异议之诉与第三人撤销之诉都是案外人权益救济体系中的重要保障制度，两者存在三个不同之处：第一，适用阶

[1] 江伟、肖建国主编：《民事诉讼法》，中国人民大学出版社 2015 年版，第 441 页。

段不同。案外人异议之诉只有在执行阶段才有适用空间，且需要以案外人异议被驳回为前提条件；而第三人撤销之诉只要是在原裁判、调解书生效之后提出就符合适用条件，不局限于执行阶段。第二，适用范围不同。案外人异议之诉只适用于给付之诉中的执行标的物；而第三人撤销之诉在给付之诉、形成之诉、确认之诉中均可以适用，适用范围更广泛。第三，法律效果不同。案外人异议之诉胜诉后，只能达到撤销执行的目的，法院并不会对案外人第三人的实体权利义务作出裁判；而第三人撤销之诉胜诉后可以直接撤销、改变对第三人不利的裁判内容，能够从根本上一次性地解决纠纷，缓解第三人的诉累。

综上所述，第三人撤销之诉对第三人的权利救济更根本、更彻底、更容易，案外第三人往往更愿意选择适用第三人撤销之诉维护自身利益。而且，《民诉法解释》第 303 条规定案外第三人提起撤销之诉后，还可以提出案外人异议以保证中止执行行为，不用另行提供担保，这一“双重”立法会导致案外人异议和案外人申请再审的适用空间被挤占，也体现了我国第三人撤销之诉在与其他诉讼制度的协调、衔接上存在问题，亟待解决。

三、第三人撤销之诉在我国司法实践中存在的问题

（一）立法体例问题

近年来，随着我国经济的发展和社会关系的复杂化，法院处理的恶意诉讼、虚假诉讼越来越多，不仅造成了司法资源的浪费、司法秩序的混乱，更是直接侵害了第三人的合法利益，尤其是在我国尚未确立裁判相对性原则的情况下，复杂的经济关系、社会关系和法律关系势必会导致法院的裁判涉及第三人，倘若第三人无法获得合理、必要的救济，将会导致司法不公，

司法秩序混乱。立法应如何维护第三人的合法权益，一直都是我国民事诉讼研究领域的重要问题，我国立法者也在不断探索并试图设计合理程序指导实践操作：1982 年《民事诉讼法（试行）》第 48 条规定了第三人权益保护的事前救济制度；1991 年《民事诉讼法》第 56 条规定了第三人诉讼参加制度；2007 年《民事诉讼法》第 204 条规定了案外人异议制度；2008 年《最高人民法院关于适用〈中华人民共和国民事诉讼法〉审判监督程序若干问题的解释》第 5 条规定了案外人申请再审制度，包括案外人因案外人异议被驳回后申请再审和案外人直接申请再审两种情形。2012 年《民事诉讼法》修正时，在第 56 条增加了一款作为第 3 款，正式设立了第三人撤销之诉制度；2015 年《民诉法解释》第 292 条至第 303 条对第三人撤销之诉的适用进行了细化，具体规定了第三人撤销之诉的提出事由、送达、立案审查及结果、审理方式、审理范围、裁判结果以及与审判监督程序、执行异议程序的衔接等，为司法实践提供了立法指引。

但是，对于《民事诉讼法》将第三人撤销之诉这一事后救济程序设立于诉讼参加人之当事人一节，多年来一直饱受争议，笔者也认为立法体例存在不合理之处。第一，《民事诉讼法》第 56 条前两款实际上是针对当事人之有独立请求权的第三人和无独立请求权的第三人作出规定。立法者将第三人撤销之诉作为第 3 款设立于此章节，除了提出主体与第三人撤销之诉有联系外，其他实体性和程序性问题均与此章节无关，这样的立法体例略显突兀。第二，第三人撤销之诉的本质是一种独立的、特殊的事后救济程序，将其设立在当事人制度这种诉讼法总论性制度中，削弱了其作为救济程序的本质属性，立法对第三人撤销之诉的程序定位存在错误。虽然各国对第三人撤销之诉的程序定位存在差异，如法国将其设立于“非常上诉第三人异议”

章节，德国将其规定在再审程序中规定，但都考虑到了第三人撤销之诉作为一种程序的本质属性。

（二）主体资格问题

第三人撤销之诉的主体资格是指谁可以作为适格原告提起第三人撤销之诉，只有该主体享有主体资格才能够启动第三人撤销之诉的程序。目前，我国民事诉讼法只规定了有独立请求权的第三人和无独立请求权的第三人两类主体享有第三人撤销之诉的原告资格，但是，在司法实践中，有独立请求权第三人和无独立请求权第三人是否真正适合成为第三人撤销之诉的提出主体，能否赋予利害关系人、必要共同诉讼人以主体资格，理论界观点不一，实务界操作不一，是一个亟待梳理的问题。

1. 有独立请求权的第三人

虽然我国民事诉讼法明确规定有独立请求权的第三人可以作为第三人撤销之诉的提出主体，但是，理论界有学者认为既然将其称为有独立请求权的第三人，便说明该第三人对诉讼标的享有实体上的请求权利，可以以另行起诉的方式维护自身合法权益，不必再适用第三人撤销之诉，做这样的双重立法是对司法资源的浪费。对此，笔者持反对观点。有独立请求权的第三人应该适用第三人撤销之诉。首先，从诉讼目的角度来看，第三人撤销之诉较之另行起诉更直接、有效，有独立请求权的第三人可以直接请求法院撤销、改变对其不利的裁判、调解，可以改变原实体权利义务关系，达到一次性解决纠纷的目的。如若另行起诉，只能请求法院确认其民事权利，即使胜诉也不能撤销已生效的裁判、调解，纠纷并没有得到根本解决。其次，从维护裁判稳定性角度来看，第三人撤销之诉只是撤销原裁判、调解中的一部分或全部分错误内容，未被撤销的部分仍具有法律效力。如若第三人另行起诉，可能会得到与原生效判决截然相反的裁判结果，但此时，原生效判决因未被撤销而仍具有法律效力，新判决也发生了法律效力，两份内容矛盾的判决相互独立且均有效力，会导致司法混乱，不利于维护裁判的稳定性和统一性。

2. 无独立请求权的第三人

在我国民事诉讼中，根据无独立请求权的第三人在诉讼中的作用不同，我们可以将其分为被告型第三人和辅助型第三人。被告型第三人，是指在原诉讼中法院判决其承担民事责任，而被赋予诉讼权利义务的第三人，因其要承担不利法律后果，地位与被告相似，因此被称为被告型第三人。辅助型第三人，是指第三人参与到原诉讼中，帮助原告或被告一方对抗另一方的第三人，因其不享有民事实体权益，也不承担民事责任，只是辅助诉讼顺利进行，因此被称为辅助型第三人。由定义可以看出，《民事诉讼法》第 56 条规定的无独立请求权的第三人作为第三人撤销之诉的主体适用空间其实很小。首先，对于辅助型第三人，由于其对原诉讼不享有实体性民事权益，法院原则上也不会判令其承担法律责任，原判决几乎不会对其产生不利影响，因此，其不符合第三人撤销之诉适用的结果要件，因而不能成为第三人撤销之诉的主体。其次，对于被告型第三人，由于其极有可能会承担不利法律后果，因此在实践中，被告型第三人主动申请参加诉讼的可能性较小，绝大多数都是法院依职权通知其参加诉讼，既然收到了法院的通知，却未参加到诉讼中，则不满足第三人撤销之诉“因不可归责于本人的事由未参加诉讼”的要件。所以，在此种情况下，被判决承担法律责任的被告型第三人也不能作为第三人撤销之诉的主体。当然，笔者是从司法实践中的普遍现象来讨论的，并未完全排除其适用空间，从立法全面性的角度出发，无独立请求权的第三人应享有第三人撤销之诉的主体资格。

3. 利害关系人

《法国民事诉讼法》规定的第三人撤销之诉的提出主体不仅仅是民事权益受侵害的第三人，原生效判决中当事人的债权人以及该债权人的权利继受人等也可以提起撤销之诉。我国民事诉讼法并未明确将债权人及其权利继受人等纳入第三人撤销之诉的主体之中，但在司法实践中，法院对此存在两种不同意见：一种意见是原则上不允许债权人提出第三人撤销之诉，但是在符合恶意诉讼、虚假诉讼的情况下，允许债权人提出第三人撤销之诉。另外一种意见是完全不允许债权人提出第三人撤销之诉。债权人如果认为自己的合法民事权益受到法院生效裁判的损害，可以依据《民事诉讼法》第 200 条向法院申请再审。案件进入执行程序后，案外人申请案外人异议被裁定驳回的，可以依照《民事诉讼法》第 227 条提起案外人异议之诉。对于这个问题，笔者认为，如果原诉讼当事人恶意串通提起虚假诉讼侵害债权人的民事权益，应当允许债权人提起第三人撤销之诉，为其提供救济。《最高人民法院关于防范和制裁虚假诉讼的指导意见》第 10 条规定："在第三人撤销之诉、案外人执行异议之诉、案外人申请再审等案件审理中，发现已经生效的裁判涉及虚假诉讼的，要及时予以纠正，保护案外人诉权和实体权利；同时也要防范有关人员利用上述法律制度，制造虚假诉讼，损害原诉讼中合法权利人利益。"因此，将债权人等利害关系人纳入第三人撤销之诉的主体范围内，能够更好地实现第三人撤销之诉打击恶意诉讼、虚假诉讼的立法目的，维护利害关系人的合法权益。

4. 必要共同诉讼人

必要共同诉讼人是指当事人一方或双方为两人以上且诉讼

标的共同的诉讼主体。由于必要共同诉讼人对同一诉讼标的享有共同的权利和承担共同的义务，法院在审理案件时必须合并审理和裁判，该诉讼为不可分之诉。如果必要共同诉讼人因客观原因未参加原诉讼，但法院判决其与另一必要共同诉讼人共同承担不利法律后果，必然会损害其民事权益。因此，有学者提出有必要赋予必要共同诉讼人提起第三人撤销之诉的主体资格，允许其提起第三人撤销之诉。但按照上文所述，必要共同诉讼人若未参加原诉讼可以依据《民事诉讼法》第 200 条第 8 项向法院申请再审，但这样将存在第三人撤销之诉与案外人申请再审并行适用的问题，立法需要建立相关规则对第三人撤销之诉与其他诉讼制度进行协调、衔接。

（三）撤销对象问题

第三人撤销之诉的撤销对象，即什么样的法律文书可以成为第三人请求法院撤销的对象。《民事诉讼法》第 56 条规定生效的判决书、裁定书、调解书是第三人撤销之诉的撤销对象。但是，该规定是否真正符合司法实践的需要，仲裁机构的仲裁裁决书能否成为撤销对象等问题值得进一步探讨。

1. 判决书、调解书

对于判决书和调解书，其内容大多是涉及对案件实体权利义务关系的处理，若存在损害第三人合法利益的情况，理应成为第三人撤销之诉的撤销对象。

2. 裁定书

对于裁定书，我国民事诉讼法中关于裁定书的用途主要是对程序性事项进行处理，几乎不涉及对实体性事项的处理。即使是涉及对财产保全和先予执行这两项实体内容的处理也是应急性、暂时性的保全措施，案件进入执行程序则裁定书就自动失效，也就不存在第三人撤销的空间。所以，立法者将裁定书纳入第三人撤销之诉的撤销对象实际上与第三人撤销之诉只处理实体性内容错误的要件是不符的，裁定书在该项立法中存在的实际价值不大。

3. 仲裁裁决书

对于仲裁裁决书，其与判决书、调解书均是对实体性内容作出处理，也都具有强制执行力，但民事诉讼法未将其纳入第三人撤销之诉的撤销对象中。虽然《最高人民法院关于人民法院办理仲裁裁决执行案件若干问题的规定》第9条规定案外人可以向法院申请不予执行仲裁裁决，但并不能申请撤销仲裁裁决，彻底解决纠纷，而且，对于法院裁定驳回不予执行的申请的，案外人只能向上一级法院申请复议不能提起诉讼。如果当事人双方事前恶意串通，事后快速履行了仲裁裁决书，则案外第三人将不能够得到及时救济，我国法律尚需要对此进行完善。因此，考虑将仲裁裁决书纳入第三人撤销之诉的撤销对象中也是有必要的。

（四）程序问题

1. 立案审查问题

第三人撤销之诉作为特殊的事后救济程序，是对裁判稳定性和司法终局性的突破，其会对生效裁判的既判力发起挑战。因此，为了在第三人合法权益保护与维护司法秩序中找到平衡点，需要对第三人撤销之诉的启动持谨慎态度，我国立法者亦考虑到这些问题，于是参照再审程序，对第三人撤销之诉实行立案审查制度。但是，在司法实践中，法院的实际操作存在以下问题：第一，实行形式审查还是实行实质审查的做法不一。有的法院对第三人撤销之诉的立案审查实行形式审查，他们认为，当初立法者设立第三人撤销之诉的背景就是由于第三人申请再审的门槛过高，不利于第三人维权，所以，第三人撤销之诉应区别于再审。第三人撤销之诉提起的是一个新的诉讼，不能将其立案审查标准与再审立案标准等同，否则就违背了立法初衷，而且，实行实质审查会增加立案法官的负担，案件不能及时立案会导致第三人得不到及时救济，不利于保护第三人的合法权益。而有的法院对第三人撤销之诉的立案审查实行实质审查，最直接的理由就是防止第三人滥用诉权，故意扰乱司法秩序，而且，对案件进行实质审查能有效地防止第三人利用该制度损害原诉当事人的权益，维护原诉当事人的合法权益。第二，立案审查内容侧重点不同。有的法院侧重于审查第三人撤销之诉的主体要件（即第三人是否符合原告资格），有的法院侧重于审查第三人撤销之诉的结果要件（即原生效法律文书是否侵害了该起诉人的合法权益），有的法院侧重于审查第三人不可归责于自身的事由未参加诉讼的原因，有的法院对全部要件都需进行审查，但均没有统一的标准指导司法实践，因此，需要解决对立案审查中存在的问题，充分保障第三人撤销之诉在我国的适用。

2. 审理范围问题

法院在审理第三人撤销之诉的过程中，对于审理范围应是针对第三人的诉讼请求审理，还是像再审程序那样对案件进行全面重新审理，我国《民事诉讼法》及司法解释并未明确作出规定，理论界也存在两种不同的意见：一种意见认为，应该围绕第三人撤销之诉的诉讼请求进行审理，严格遵循不告不理的诉讼法原理，保护当事人的诉讼权利；另一种意见认为，应参照再审程序，对实体权利义务关系进行全面审理，这样能够避免多次诉讼，彻底解决纠纷，节约司法资源。司法实践中法院的做法更倾向于后者，法院主张全面、彻底地解决纠纷，但是这种做法有违法院作为被动救济机关的立场，第三人撤销之诉的首要功能是打击恶意诉讼以保护第三人的权益，再兼备纠错和监督功能，应区别于再审程序有错必纠的立法目的。

3. 与相关诉讼的衔接、协调问题

笔者在前文中已经对第三人撤销之诉与第三人参加之诉、案外人申请再审、案外人异议之诉作出了分析比较。第三人撤销之诉与相关诉讼制度之间既有独立适用的空间，也存在交叉适用的情况，第三人撤销之诉与相关诉讼制度的衔接和协调问题是研究第三人撤销之诉必须解决的问题：第一，从节约司法资源和缓解诉累的现实情况来看，如何使第三人有效地参与到原诉讼中，争取在第三人参加之诉中解决争讼问题，需要进行合理的程序和制度设计。第二，现行立法存在第三人撤销之诉与案外第三人申请再审相同的事由，导致两种程序同时适用的情况，法律应该如何进行协调。假若第三人同时向有管辖权的不同的法院启动两种程序，导致一个案件产生两种裁判结果，同案不同判现象应该如何处理。第三，在执行程序中，案外第三人在生效法律文书存在错误的情况下，既有“案外人异议+案外人再审”路径进行救济，又有“第三人撤销之诉+案外人异议保证中止执行”路径进行救济，这种双重路径为第三人保驾护航是否会对申请执行人造成损害，是否会造成第三人滥用诉权、消耗司法资源，应如何协调适用等问题。因此，第三人撤销之诉与相关诉讼制度的衔接和协调还需作进一步研究完善。

（五）滥诉问题

第三人撤销之诉的设立初衷是打击司法实践中诉讼当事人恶意诉讼、虚假诉讼行为，维护第三人合法民事权益，但实践中却有第三人滥用诉讼权利，恶意提起骚扰性撤销之诉，干扰原诉讼当事人解决纠纷，故意给原诉讼当事人的生活工作和生产经营造成不利影响，抑或原诉一方当事人与第三人恶意串通提起第三人撤销之诉，逃避法律责任，侵害另一方当事人的民事权益，扰乱司法秩序，浪费司法资源。因此，第三人滥用撤销之诉诉权的问题也需要引起立法者的重视，如何防止第三人滥用撤销之诉诉权，保证第三人撤销之诉制度被合理运用于司法实践中，是实践给立法者们提出的又一难题。

四、我国第三人撤销之诉的完善

第三人撤销之诉在我国设立并适用只有短短七八年的时间，其制度设计和配套程序尚不成熟，虽然《民诉法解释》针对第三人撤销之诉的适用出台了 12 条司法解释，但在司法实践中仍不可避免地出现了一些实际问题，如原告资格如何认定、立案审查形式不统一、审理范围不明确、当事人滥用诉权等。笔者针对上述问题，从立法体例、制度设计和程序设计上提出以下几点完善建议：

（一）调整立法体例

我国民事诉讼法将第三人撤销之诉设立于当事人一章中，忽略了第三人撤销之诉是一种程序性救济措施的本质属性，理论界学者认为这样的立法体例是不合理的。至于应该如何调整，有的学者建议将第三人撤销之诉移至“审判监督程序”一章并单独设立一节对第三人撤销之诉作出规定，即将第三人撤销之诉作为审判监督程序的一种特殊程序进行立法体例调整。他们认为第三人撤销之诉与再审程序存在很多相似之处。比如，两者的目的都是撤销或改变原生效判决、调解，从功能上来说都具备救济当事人合法权益的功能。而且，两种程序的提起主体、提起事由和审理程序也存在重合之处，相比之下，再审程序的相关规定更详细、程序设计更完善，完全可以吸收容纳第三人撤销之诉，让第三人撤销之诉在再审程序体系下能保障其顺畅运行，因此主张将第三人撤销之诉设置于审判监督程序之中，作为特殊的再审程序增加一节对第三人撤销之诉作出立法规定。有的学者建议将第三人撤销之诉单独放在“审判监督程序”之后、“督促程序”之前设立专章对第三人撤销之诉进行立法规定，并将《民诉法解释》的相应内容移至该章之中。他们认为，第三人撤销之诉是一种特殊的事后救济程序，是单独为案外第三人设置的独立的程序，虽然与再审程序有相似之处，但是两者存在许多区别。比如，第三人撤销之诉的提出主体只能是案外第三人，不能是双方当事人，审理程序一律适用一审程序审理，而且两者最根本的区别就在于第三人撤销之诉以打击恶意诉讼、虚假诉讼行为为首要目的，而再审程序以纠错、监督为首要目的，不能仅仅因为程序处理相似而硬将两者糅合在一起。单独在审判监督程序后设立一章，既能够保证立法体例的连贯性和完整性，又能体现第三人撤销之诉的特殊性和独立性。对此，笔者更赞同第二种观点，即将第三人撤销之诉进行专章规定，保证其适用的独立性特征，在立法上对第三人撤销之诉的其他方面进行完善设计后，能够使第三人撤销之诉被更好地运用于司法实践中，以应对法律关系日益复杂化的发展趋势。

（二）明确原告资格

如前文所讨论的，关于第三人撤销之诉的提出主体究竟应该包括哪些类型，我国民事诉讼法规定的“第三人”究竟能否扩大解释到利害关系人、案外必要共同诉讼人，需要立法进行调整并加以明确。在司法实践中，如果对原告资格范围限定得过于狭窄，将导致相关利害关系人和案外必要共同共诉人因不具备主体资格而被排除在外，导致民事权益确被侵害的人得不到及时、高效的救济。这其实是违背立法者保护“他人”合法民事权益的立法目的的。相应的，如果原告资格范围过于宽泛，又有可能导致立法对相关利害关系人、案外必要共同共诉人双重、过度的保护，反而对原诉双方当事人不公平，而且，可能会增加其滥用撤销诉权的风险，导致司法资源浪费，也会违背立法目的。因此，立法尚需在仔细权衡利弊后对原告资格作出明确。

对于有独立请求权的第三人和无独立请求权的第三人，建议应保持原来的立法态度，仍赋予该两种主体以原告资格，以保证立法的全面性。对于利害关系人（包括债权人及权利继受人等）、案外必要共同诉讼人，建议立法者在法条或司法解释中赋予其原告资格，但应对这两类主体的原告资格加以条件限制：只有在有证据证明原诉双方当事人是出于恶意诉讼、虚假诉讼目的而导致其民事权益受损的情况下才能提起第三人撤销之诉，其余事由或情况下则不应成为第三人撤销之诉的适格主体。如由于法院无法或未及时发现存在案外必要共同诉讼人而导致生效法律文书损害该案外必要共同诉讼人利益的，则不享有第三人撤销之诉的原告资格，不能提起第三人撤销之诉，但可以启动再审程序进行救济。这样明确赋予这两类主体原告资格后，更能达到打击恶意诉讼、虚假诉讼，清理司法环境，达成司法公正的目的。

（三）调整撤销对象

我国民事诉讼法规定的第三人撤销之诉的撤销对象目前是法院作出的判决、裁定、调解书。对于民事裁定书，由于其大多是针对案件的程序性事项作出的，不解决当事人之间的实体权利义务问题，因而与第三人撤销之诉的实体要件是不相符的，因此，立法规定裁定书作为第三人撤销之诉的撤销对象实际意义不大，建议立法者适时作出调整。

对于仲裁裁决书，其与法院的判决书、调解书性质相同，都是对当事人之间的实体权利义务关系问题作出处理，仲裁结果均具有强制执行力。在实践中也存在仲裁双方当事人恶意串通、虚假仲裁侵害第三人合法利益的情形，建议立法者将仲裁裁决书纳入第三人撤销之诉的撤销对象中，保护第三人的利益。首先，仲裁当事人以仲裁形式解决纠纷是双方协商选择适用的结果，且仲裁程序一般不公开进行，所以，实际上，第三人很难甚至无法参与到仲裁程序中，双方当事人想要恶意串通侵害第三人的民事权益则相对恶意诉讼而言更加容易。其次，对于已生效的仲裁裁决书（包括根据调解协议作出的裁决书），我国仲裁法规定只有当事人才能申请撤销或不予执行，所以，对于生效的仲裁裁决书，第三人无法向法院申请撤销，只能申请不予执行，但即使法院裁定不予执行，也不能够从根本上解决争讼问题，不能一次性解决纠纷。倘若法院裁定驳回第三人不予执行的申请，第三人只能向上一级法院申请复议，不能提起诉讼，那么第三人便无法通过诉讼程序救济自身合法利益，诉讼利益将得不到保护。为了弥补仲裁法立法方面的不足，笔者建议将仲裁裁决书纳入撤销范围，作为第三人申请撤销仲裁裁决的救济程序或申请不予执行仲裁裁决被驳回的补充救济措施，相互结合，有效地保护第三人的合法权益，打击恶意、虚假仲裁行为。

（四）完善审理程序

1. 立案审查实质化

第三人撤销之诉虽然适用第一审普通程序审理，但其审判结果可能是对生效裁判既判力的冲击，也可能是对裁判稳定性的破坏，因此，法院在立案时应严格、谨慎，立案审查应做到实质化，即对第三人提交的起诉材料，应按照《民事诉讼法》及司法解释规定的六个要件逐一审查，既不能流于形式，也不能对实体问题提前作出处理。第一，对于时间范围、法院管辖等形式要件必须要符合起诉条件，对于主体资格、程序要件、实体要件、结果要件需要根据《民诉法解释》第 292 条对起诉人提交的证据材料进行实质判断，不符合起诉条件的及时裁定不予受理；第二，法院需将起诉材料在 5 日内送交对方当事人，待对方当事人提交答辩意见和证据材料后，法院再次进行立案审查，必要时还可以询问双方当事人，不能仅凭起诉人一方的材料进行立案审查；第三，统一审查标准，审查的内容必须是对第三人撤销之诉的六个要件全面审查，不能侧重于某一个或几个要件，立案法官需要严格把关，参照再审立案审查程序执行，在第一道程序中排除滥用诉权的第三人；第四，实质化审查不能提前对案件的实体问题作出预判或处理，实质化审查不等于实质审理，对案件证据排除等实体性问题的处理只能在庭审阶段，要保障起诉人的辩论权。

2. 明晰审理范围

我国《民事诉讼法》及司法解释并未明确对第三人撤销之诉的审理范围作出规定。一种意见认为应该像普通程序一样围绕当事人的诉讼请求范围进行审理；一种意见认为应该像再审程序一样进行全面审理。笔者认为，应该在当事人的诉讼请求范围内审理，即在第三人请求撤销或变更的诉讼请求范围内进行审理。首先，根据民事诉讼不告不理原则和处分原则，第三人在第三人撤销之诉中的诉讼请求是其处分自身实体权利和程序权利的体现，法院应该尊重并保障第三人的自由意志，不能变被动救济为主动救济，这样对双方当事人而言都是不公平的。其次，对第三人撤销之诉进行全面审理，则需要对原审案件进行重新审理，在法院尚未建立起电子卷宗体系、实现案卷资源共享的情况下，法官需要花费时间和精力查找翻阅卷宗，这将增加法官的工作负担。最后，参照再审程序进行全面审理，确实能够实现实质正义的目的，但是，全面审理的裁判结果可能是对原审判结果的全面否定，是对裁判既判力原则的巨大冲击，而《民诉法解释》第 300 条第 3 款明确表明“原判决、裁定、调解书的内容未被改变或撤销的部分继续有效”，意思就是立法者考虑到要维护生效裁判的稳定性和相对性，进行全面审理则将此款规定完全架空了。因此，笔者认为围绕第三人撤销之诉的诉讼请求进行审理更加合理。

3. 建立诉讼告知制度

建立诉讼告知制度，是第三人参加之诉与第三人撤销之诉协调适用的有效制度。其实，从节约司法资源、缓解办案压力角度来说，立法和司法实践也相对更倾向于第三人在原诉讼中一次性解决纠纷，那么，建立诉讼告知制度则是保障第三人参加原诉讼的重要措施。相对而言，诉讼告知制度挤占了第三人撤销之诉的适用空间，但从长远发展的角度来看，建立诉讼告知制度对缓解社会矛盾、保障司法公正是大有裨益的。因此，仍有必要在我国确立诉讼告知制度，以打破当事人与第三人之间、法院与第三人之间信息传达不充分的现状，改善第三人参加之诉缺乏配套措施的问题。

（1）当事人诉讼告知。当事人诉讼告知，是指一方当事人在诉讼进行阶段，将该诉讼案件事实以书面形式告知与自己败诉有法律上利害关系的第三人，使其参加到原诉讼之中。[1]我们需要注意以下几个问题：第一，当事人诉讼告知需要在诉讼进行阶段告知，即立案后、法庭辩论终结前告知；第二，诉讼告知应以书面形式作出，不能以口头或电子方式告知，且告知人需要向法院提交诉讼告知书，法院经审查后按送达程序向第

〔1〕 王珏：“论第三人撤销之诉的原告适格问题”，吉林大学 2017 年硕士学位论文。

三人送达，以保证第三人能够及时收到并参加诉讼；第三，告知对象是与原诉讼处理结果有法律上利害关系的第三人，相应的，按前文所述，必要时也可扩大到相关利害关系人。当事人诉讼告知制度一方面能够保障第三人及时参与到原诉讼中，维护第三人的诉权，另一方面又能辅助告知人进行诉讼，增加告知人胜诉的可能性，还能够防止第三人以不知道存在原诉讼为由提起第三人撤销之诉，缓解法院的办案压力，节约司法资源，一举多得，其建立确有必要。

（2）法院依职权告知。法院在发现或查明确实存在与案件处理结果有利害关系的第三人后，应该在法庭辩论终结以前，以书面形式通知第三人参加诉讼，并将案件进行阶段以及相关案件材料告知该第三人。第三人在收到告知通知书后，未及时参加诉讼导致法院作出生效裁判、调解侵害其权益的，不得再提起第三人撤销之诉，也不得再启动再审程序，这将有效地防止第三人滥用诉权，扰乱司法程序。

建立诉讼告知制度，能够保障第三人及时参与到原诉讼中，促使第三人把握机会，积极行使诉权，在事前一次性解决纠纷，也能够防止第三人滥用撤销之诉，随意以“不知道原诉讼”为由提起第三人撤销之诉，破坏裁判的稳定性，消耗司法资源。

4. 确立选择适用确定性原则

选择适用确定性原则，是指第三人在面临第三人撤销之诉、案外人申请再审和案外人异议、案外人异议之诉多种制度共同适用的选择时，一旦选择了某一种救济制度，则不能再适用其他救济制度的原则。确立选择适用确定性原则，是第三人撤销之诉与案外人申请再审和案外人异议、案外人异议之诉协调衔接的重要原则，一方面能够避免多种程序同时适用造成司法秩序混乱、司法资源浪费，另一方面又能保证法律不过度保护第三人，防止第三人滥用诉权，维护法律的公平正义。

（1）第三人撤销之诉与案外人申请再审的选择适用。第三人在同时满足提起第三人撤销之诉与申请再审的情况下，根据选择适用确定性原则，第三人可以选择适用其中一种能够实现自身利益最大化的救济程序，一经选择则意味着自动放弃另一种救济程序，但不包括第三人撤销之诉的生效裁判确实存在错误能够申请再审的情形。如果第三人同时提起第三人撤销之诉和申请再审，法院应将第三人撤销之诉并入再审程序。再审是对案件的全面重新审理，亦能达到彻底解决纠纷的目的。即使再审的终审结果可能存在对第三人不公平的现象，第三人也不能另行寻求救济，因为这是第三人不积极行使选择权所致，是第三人消极不作为，因此应由其自己承担不利法律后果。

（2）第三人撤销之诉与案外人异议、案外人申请再审选择适用。在执行程序中，若案外人第三人认为生效裁判文书不存在错误，但该第三人认为其对执行标的享有足以排除强制执行的权利的，可以提出案外人异议，案外人异议被裁定驳回的可以提起人案外异议之诉。由此可以看出，案外人异议之诉是针对生效法律文书不存在错误的情况，不存在与第三人撤销之诉交叉重合之处，因此不存在选择适用的问题。但是，若第三人认为生效裁判文书存在错误且侵害其合法民事权益，民事诉讼法赋予了第三人“案外人异议+案外人再审”和“第三人撤销之诉+案外人异议保证中止执行”两种选择路径进行权利救济，根据选择适用确定性原则，第三人只能选择适用其中一条路径，且选择后不能变更。

值得注意的是，“第三人撤销之诉+案外人异议保证中止执行”是对第三人的过度保护，也是对立法资源的浪费。《民诉法解释》第299条规定第三人提起撤销之诉不能中止执行，若第三人请求中止执行，应提供相应担保。但《民诉法解释》第303条第1款又规定第三人提起撤销之诉后可以再提出案外人异议保证中止执行，这种双重立法模式是对第三人的过度保护。就目前而言，可以利用选择适用确定性原则解决这一问题，第三人应该在案外人异议与第三人撤销之诉的适用上进行选择，优先选择了提出案外人异议保证中止执行，则适用第一种路径，随后启动再审程序解决实体权利义务问题；优先选择提出第三人撤销之诉，则不能再提案外人异议，只能提供担保向法院申请中止执行。

（五）确立第三人诉讼担保制度和滥用诉权惩罚制度

我国立法对第三人民事权益的保护有多种救济途径，有事前事后的救济途径，有并行适用的救济途径，也有选择适用的救济途径，这样也导致第三人会产生滥用诉权的恶意，进而损害原诉当事人合法民事权益。第三人撤销之诉本身就是对法律稳定性的一大挑战，若第三人再滥用诉权则是对司法秩序的极大破坏，是对司法权威的极大挑战。立法者对此也需要引起重视，在打击原诉当事人恶意串通虚假诉讼行为的同时注意防范第三人恶意提起撤销之诉，无理缠讼，滥用诉权。权利是把双刃剑，立法需要找好利益平衡点，确保第三人撤销之诉的合理适用。对此，笔者提供两种思路以防止第三人滥用诉权：第一，建立诉讼担保制度。在第三人提起撤销之诉时，在立案审查阶段，法官认为起诉人可能存在滥用诉权的情形但又不能准确认定时，要求该起诉人提供一定的财产担保，确保第三人能够正当行使撤销之诉诉权。第二，建立滥用诉权惩罚制度。对于滥用撤销之诉诉权的第三人，法官在裁定不予立案的同时裁定不予返还预缴的诉讼费用，造成原诉当事人利益损失的，应进行经济赔偿；对于情节严重的还应予以罚款，情节特别严重的予以司法拘留，构成犯罪的应依法追究刑事责任。此外，还可以将滥用诉权的第三人列入不诚信起诉人名单，在一定期间内禁止其提起任何诉讼，使其承担因不诚信诉讼而导致的不利法律后果。

总的来说，第三人撤销之诉是顺应社会经济发展和司法实践需要的一项制度，能够有效地打击恶意诉讼、虚假诉讼，为第三人提供权利救济。第三人撤销之诉相比于其他既有的诉讼制度，其适用程序和适用方式具有特殊性，立法者如果能不断完善第三人撤销之诉，将会进一步显现出第三人撤销之诉的适用优势。在日益复杂化的法律体系中，能产生一项既能撤销、改变原生效裁判又能同时维护裁判稳定性的制度，是我国立法和司法的巨大进步，也可体现我国立法和司法不断追求实质正义的发展方向。

/ 第十一章 / CHAPTER11

公证债权文书强制执行制度

——以C市法院受理的公证债权文书执行案件为例

随着国家公证制度的发展和完善，申请法院执行公证债权文书的案件数量大幅增加，公证债权文书强制执行制度在司法执行和公证领域发挥着举足轻重的作用。但因公证债权文书系经过非诉讼的公证证明活动而取得，且我国法律对相应公证制度以及对公证债权文书强制执行制度的规定粗疏简约，这使得人民法院在公证债权文书执行中存在诸多困惑，认识上较为混乱、操作上不尽统一。而强制执行效力作为公证的效力之一，其效力发挥状况将直接影响公证制度预防价值的实现状况。〔1〕

一、对C市法院公证债权文书执行案件的实证分析

（一）C市法院受理公证债权文书执行案件情况

（1）总体情况。C市法院每年受理执行案件800件左右，笔者将对C市法院自2007年以来受理的以公证债权文书为执行依据的执行案件情况进行分析。C市法院从2007年到2011年受理的执行案件和受理的以公证债权文书为执行依据的案件数量变化情况详见图11-1。

---

〔1〕 段伟："公证强制执行基础性理论问题研究"，载《中国司法》2007年第3期。

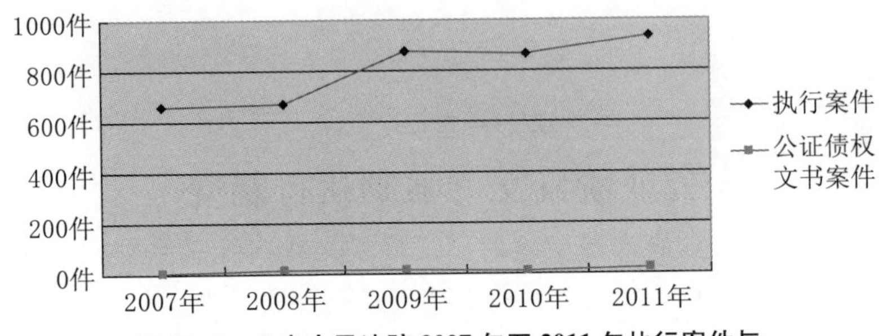

图 11-1　C 市人民法院 2007 年至 2011 年执行案件与公证债权文书执行案件数变化趋势图

如图 11-1 所示，C 市法院执行案件数量从 2007 年的 658 件增加至 2011 年的 937 件，以公证债权文书为执行依据的案件数量从 2007 年的 3 件增加至 2011 年的 19 件。尽管执行案件和公证债权文书案件的数量在这五年间均不断增长，但是，受理公证债权文书执行案件的增幅已远远超过执行案件总数的增幅。C 市法院受理的公证债权文书执行案件占全部执行案件数量的比例为 1.65%，呈逐年上升的趋势。

（2）涉案标的数额情况。2007 年至 2011 年，C 市法院受理的标的数额较大执行案件均集中在民间借贷纠纷案件中。笔者对 C 市法院受理的公证债权文书执行案件的执行标的数额按四种情况进行统计分析，发现执行标的数额总体上呈现出“两头小、中间大”的特点。超过 75%的案件执行标的数额在几万至十几万的统计区间，2011 年有 3 件执行标的超过 100 万元的案件均为民间借贷合同纠纷。（详见图 11-2）

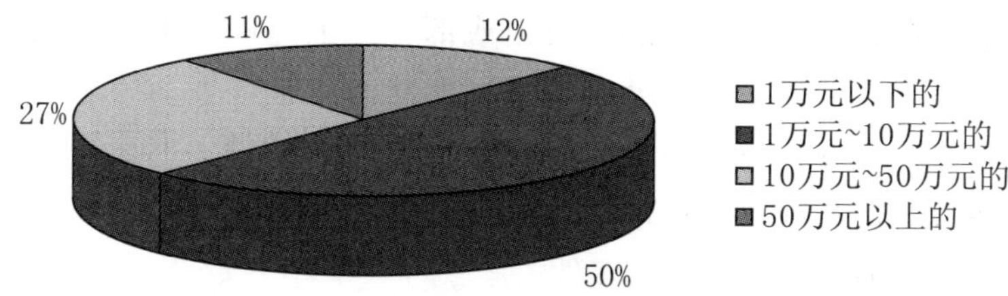

图 11-2　C 市人民法院 2007 年至 2011 年受理公证债权文书执行案件标的分布饼形图

（3）种类情况。近年来，因担保公司承担保证责任和民间借贷纠纷而引起的公证债权文书执行案件明显增多。笔者对 C 市法院受理的公证债权文书执行案件所涉及债权文书类型进行统计发现，公证债权文书类型集中在个人购车贷款合同、住房贷款合同、担保合同、借款合同、工程机械租赁合同等五类合同中。五年来各类债权文书类型变化情况详见图 11-3。

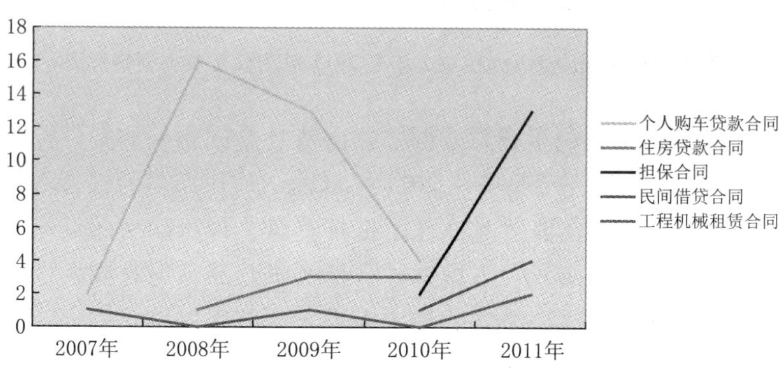

图 11-3　C 市人民法院 2007 年至 2011 年受理公证债权文书执行案件的债权文书类型变化趋势图

从图 11-3 可见，自 2010 年开始，C 市法院受理的因自然人之间订立的民间借贷合同、个人与担保公司签订的担保合同所引起的公证债权文书执行案件急剧增加，且成为 C 市法院办理公证债权文书执行案件的主要组成部分。工程机械租赁合同类公证债权文书执行案件处于较平稳的状态；银行等金融机构因与个人间签订的消费型贷款合同而申请公证债权文书执行的案件在减少。2011 年，C 市法院没有受理因消费型贷款合同而申请的公证债权文书执行的案件。

（二）C 市人民法院受理的各类公证债权文书执行案件在执行事项上的特点

C 市法院自 2007 年至 2011 年五年间共受理公证债权文书执行案件 66 件。各债权文书类型所占比例见图 11-4。

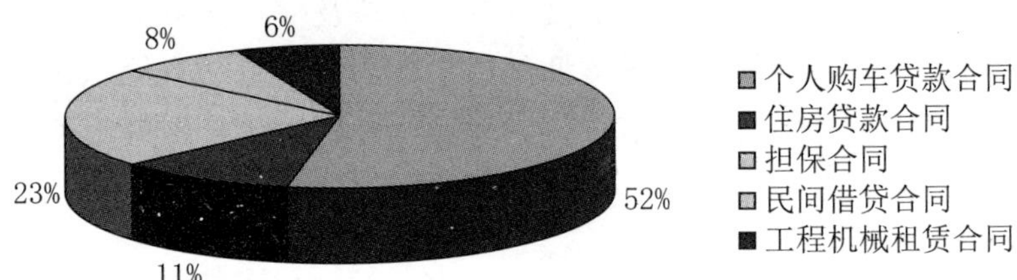

图 11-4　C 市人民法院 2007 年至 2011 年债权文书类型饼形图

（1）与个人购车贷款合同、住房贷款合同相关的案件近年较少。此类案件主要集中在 2011 年以前，债权人多为银行等金融机构。债务人在消费时办理了抵押贷款，将所购房屋或车辆抵押给银行，当债务人不按期履行偿还贷款义务时，则会因公证债权文书强制执行条款的约定而进入法院强制执行程序，执行标的多为债务人未按期归还的贷款本金及同期银行利息。

（2）与担保合同相关的案件占所有公证债权文书执行案件的比重逐年增大。这类案件普遍存在违约金偏高的特点，从 2010 年开始，C 市法院所受理的公证债权文书执行案件中出现了担保公司为债务人消费提供贷款担保，因债务人未按期支付按揭款项，担保公司向银行承担保证责任后申请法院强制执行，要求债务人支付垫付款项的案件。此类案件的执行申请人为担保公司，执行标的包括未按期归还的垫付款本金、违约金及其他相关费用。这类案件集中表现为违约金与担保公司的垫付款本金相比数额明显过高，债务人提出异议的情况较多。如在一件案件中，担保公司仅为被执行人垫付了7104.55元的月供款，在执行程序中要求被执行人在支付月供款之外，同时支付违约金18 300元及其他相关费用3900元。债务人提出异议的理由通常为不知晓违约金条款的约定、在公证阶段未对债务金额进行核实等。2010年开始，C市法院共受理此类型公证债权文书案件15件，且呈逐年增多的趋势。

（3）与民间借贷合同纠纷相关的案件存在执行标的数额大、利息和违约金畸高的特点。民间借贷合同纠纷中，债权人和债务人大多为自然人，因被执行人未履行还款义务，债权人根据公证债权文书中的自愿强制执行条款向公证机关申请执行证书后，到法院申请执行。这类案件在执行证书中通常被表述为“债务人应当偿还借款本金××元及利息、违约金”，并不明确借款利息和违约金。在执行阶段，申请人会依据之前双方所签订的借款合同中的约定，再将利息和违约金数额明确，但这类案件约定利息畸高，同时违约金系借款本金数额的3倍~4倍。这种情况下，被执行人通常会对违约金提出异议，认为违约金约定过高，并表示在公证时债权人并未明确违约金及利息数额，显失公平。其实，公证机关在签发执行证书时，仅明确借款本金，对违约金及利息不予明示的方式，难免有故意规避之嫌。C市法院从2010年开始，共办理此类型公证债权文书执行案件6件。

（三）C市法院对具有强制执行效力的公证债权文书执行审查情况

（1）立案受理阶段的审查。C市法院在受理公证债权文书执行案件时，首先由立案部门对案件进行立案阶段的形式审查。主要包括以下几个方面：①申请执行人是否适格，需申请执行人提供申请执行人及被执行人的身份信息；②案件是否属于C市法院管辖；③申请执行人提交的材料是否完备，是否提交债权文书公证书、执行证书和执行申请书；④申请是否在法定申请执行期限内。

（2）执行阶段的审查。由于法律并未对法院审查方式进行规定，因此，C市法院在办理公证债权文书执行案件时，基本上是对公证债权文书进行形式审查。首先要审查债权文书公证书和执行证书中所载明的给付内容和给付期间是否明确；其次审查债权文书公证书和执行证书中是否载明债务人不履行义务受强制执行的意思表示。比如，被执行人对民间借贷合同和担保合同公证执行案件中的利息或违约金过高、其在公证时并未明确违约金和利息等提出异议。对此，现行法律对如何认定公证债权文书“确有错误”并无明确规定，因此，民事诉讼法中关于法院裁定不予执行的规定缺乏可操作性。实践中，执行法官往往会选择执行和解的途径，通过双方互谅互让，解决争议问题。比如，C市法院执行的三起违约金畸高的大标的民间借贷纠纷案件，都是通过执行和解的方式对标的金额进行折扣履行的。

二、公证债权文书强制执行中存在的问题

（一）以个案分析为例——法院对公证债权文书是否应当进行司法审查

（1）案件情况：被执行人王某于2009年1月11日向申请执行人廖某借款228 000元，借款期限为3个月，约定借款在三个月内不计息，到期即归还全部借款。对违约责任约定为，王某若逾期还款，则王某承诺从借款之日起自愿按借款总金额的

每日5‰向廖某偿付逾期还款的惩罚性违约金，直至全部款项还清为止。并由王某承担实现债权所产生的律师费、差旅费、执行费、诉讼费；在争议处理条款中约定，王某自愿依法接受强制执行，公证费用由王某支付。该借款协议签订后，双方即到公证处办理了公证书。公证处赋予《借款协议》强制执行效力，即当王某不履行或不完全履行给付义务时，廖某有权向公证处申请出具执行证书，并依执行证书和公证书向人民法院申请执行。后因王某未履行协议中约定的还款义务，廖某即向公证处申请出具执行证书，公证处作出执行证书，证书中载明执行标的为：借款本金228 000元及违约金和实现债权的相关费用。

（2）执行情况：2010年11月，申请执行人廖某向本院申请执行，申请执行标的为借款本金228 000元及违约金、实现债权费用等800 000元，共计1 028 000元。案件进入执行程序后，承办人在被执行人处了解到，当初借款时，被执行人实际只收到借款本金186 000元，申请执行人廖某在借出借款时，已将3个月的借款利息扣除，即按每月利息14 000元，三个月总计42 000元。并且，对违约金和同意强制执行都提出了异议。后经过承办人四次给双方做和解工作，廖某同意王某一次性偿还288 000元，放弃其他主张。

（3）争议焦点：法院对赋予强制执行效力的公证债权文书是否应当进行司法审查？

（4）分析：其实质根源在于，法院对于申请强制执行的公证债权文书的合法性是否应当进行司法审查。第一种观点认为，对于公证机关依法赋予强制执行效力的公证债权文书，一方当事人不履行时，对方向有管辖权的人民法院申请执行的，人民法院应当执行，无须作任何审查。第二种观点认为，人民法院对于申请强制执行的公证债权文书可以有条件地进行审查，即只有被申请人提出异议时，才能进行审查，且仅限于在当事人提出异议的范围之内，法院不依照职权主动进行审查。第三种观点认为，法院对于当事人的执行申请，可以主动进行审查，但只能进行程序性的审查，而不能进行实质性的审查。第四种观点认为，无论被执行人是否提出异议，人民法院均应对公证机关出具的赋予强制执行效力的公证债权文书主动从程序上和实体上进行审查。笔者同意第四种观点。

（二）公证债权文书强制执行制度的不足

公证机关代表国家行使证明权，以国家的名义为主体间的契约关系担任证人。我国公证法和民事诉讼法赋予公证机关作出特定公证债权文书的强制执行效力。这类债权文书需要同时具备：一是仅限于给付一定货币、物品或有价证券；二是双方当事人对债权没有争议；三是债务人必须作出自愿接受强制执行的承诺，这种自愿接受必须是明示的。公证机关在作出具有强制执行效力的公证债权文书时需要严格遵照上述三个条件。在实践中，公证债权文书强制执行制度还是存在一些问题的。

（1）公证机关出具执行证书前的审查核实方式难以保证审查内容的客观真实性。公证是国家为保证法律的正确实施，稳定社会经济、民事流转秩序，预防纠纷和减少诉讼，保障自然人、法人或者其他组织的合法权益而设立的一种预防性的司法证明制度。[1]我国公证债权文书强制执行制度设计正体现了这种预置属性，公证所赋予的强制执行力只有在债务人违约不履行义务时才能由预设状态变成现实结果。考虑到公证债权文书到强制执行效力实现的过程中可能会出现影响债权债务关系发生变化的各种因素，因此，《最高人民法院、司法部关于公证机

〔1〕 江晓亮等：《公证实务指南》，中国社会科学出版社1993年版，第3页。

关赋予强制执行效力的债权文书执行有关问题的联合通知》（以下简称《联合通知》）明确了执行证书制度。执行证书是指债务人不履行或不完全履行具有强制执行效力的债权文书公证书所规定的义务，债权人向原公证机构要求出具的直接向有管辖权的人民法院申请执行的凭证。[1]执行证书是公证债权文书进入执行阶段的凭证，为人民法院明确执行标的和对象提供条件。公证强制执行效力的预置属性要求公证机构在签发执行证书之前应对债权债务履行情况予以核实，确定执行标的，以使法院的执行明确、具体。[2]因此，《联合通知》进一步明确了公证机关签发执行证书的审查义务，公证机关须核实债权债务履行情况、债务人是否违约、债务人对债权文书规定的履行义务有无异议等内容，但审查方式没有明确规定。

实践中，债权人到公证机关签发执行证书的前提一般为双方已经发生争执，债务人也出于逃避债务、拖延时间等原因而不配合公证机关进行审查。如何在债务人不配合而仅有债权人提供证据材料的情况下对债权债务履行情况、债务人是否违约、债务人对债权文书规定的履行义务有无异议等情况进行核实成了公证机关签发执行证书时必须要考量的问题。公证机关在实践中核实债务人违约的基本方式有三种，即公证处信函核实方式、公证处电话（传真）核实方式以及债务人履约备案方式。[3]如上核实方式与诉讼程序中所规定的一套严密的关于送达、应诉、举证、质证、判决、二审等一系列诉讼程序相比显得苍白乏力，缺乏程序的对抗性、严格性，债务人也不能行使其抗辩

〔1〕 江晓亮主编：《公证员入门》，法律出版社2003年版，第252页。

〔2〕 王明亮："赋予强制执行效力的公证债权文书中有关担保问题的探析"，载《中国司法》2009年第9期。

〔3〕 王明亮："赋予强制执行效力的公证债权文书中有关担保问题的探析"，载《中国司法》2009年第9期。

权，这样的审查难以确保核实内容的客观真实性。执行证书签发的得当与否与公证员对原债权文书的法律指导是否充分、履行核实义务是否到位紧密相关。[1]因此，公证机关在作出执行证书时一定要严格程序、慎重签发。

（2）法院对公证债权文书的执行审查制度缺失。公证法和民事诉讼法均规定债权文书确有错误的，人民法院可以裁定不予执行。但并未规定“确有错误”的标准，法院审查的内容、方式和程序也不明确。从上述规定中我们可以看出，法院对公证债权文书具有审查权，但因为没有明确规定致使实务中难以操作。在C市法院受理的公证债权文书执行案件中，存在问题的案件主要为：债权文书内容不明确、自愿接受强制执行约定问题、债务履行期限问题、履行义务有无异议问题、担保合同问题。在实践中，由于认识的不统一，致使各法院对行使审查权的做法存在分歧，影响了法律的权威性和法院的公正形象。有的认为法院的审查是再次审查，是对诉讼资源的浪费。如C市法院廖某申请执行王某公证债权文书案的审查方式是采取形式审查还是实质审查就是一焦点问题。

（三）公证债权文书在执行实践中遇到的难题

公证制度体系设计简单化与社会经济利益关系多样化的矛盾，公证机关审核程序失范与民事合同纠纷复杂化的冲突，法院执行审核制度缺失与公众对追求公正心理预期的不协调，致使法院在执行过程中经常面临现实困难。

（1）公证债权文书制度存在的疏漏和不合理之处致使执行中的纠纷增多。近年来，公证债权文书执行中异议较多、纠纷增多且较为集中的原因应该是多方面的。客观上讲，公证债权

---

〔1〕 庄莉娟：“论赋予强制执行效力的债权文书公证”，西南政法大学2011年硕士学位论文。

文书制度设计上的疏漏和不合理是纠纷存在的原因之一。现实中一部分债权人利用公证债权文书被赋予强制执行效力后可以直接向法院申请强制执行的便利，利用公证机关相对诉讼程序而言对债权文书的审查并不非常严谨的情况，有意识地规避诉讼。当事人可能利用公证债权文书效率高、成本低的特点，互相串通，损害其他债权人的利益。某一债务人由于有许多的债权人，按强制执行的相关规定，在这种情况下，应由各债权人按一定的原则分配债务人的财产。但可能出现这一债务人出于逃避债务或其他目的，将其所有的财产以公证的形式抵偿或意图交于其中的一个债权人的现象。但若公证债权文书直接肯定了债务人与某一债权人的这种交易，导致这种公证债权文书不由法院执行或法院不知道这种情形的存在，引起的责任当然不会由法院承担。但如果这种公证债权文书由当事人申请法院执行或法院在执行其他案件时知道这种交易，问题便会随之而产生：法院能否否定这种公证债权文书的效力？产生此问题的原因主要是，在实践中，公证机关进行公证时有时不会审查当事人之间的债权债务关系是否合法、真实，意思表示是否真实，只要双方当事人到场，即作出“双方当事人的签名（盖章）是真实”的公证债权文书，并赋予公证债权文书以强制执行力。如果公证错误，法院并不能直接推翻这一公证债权文书，若有其他债权人主张权利，案件只能中止，由当事人和利害关系人另行起诉。此外，公证手段有限及公证水平不高也让公证难以胜任对日益复杂民事纠纷的处理；公证程序的不规范使得公证程序存在一定随意性。

（2）公证债权文书显失公平时缺乏有效的救济措施。执行中出现双方当事人对于违约金的约定显失公平时，如果被执行人对此不提出异议，或者提出异议但执行和解未果，法院将陷入两难境地。如果依职权严格实质审查，则会有悖不主张不审查原则；如果不审查，则又可能在客观上通过强制执行程序保护了非法债权，从而失去了执法公正性。民事诉讼中如果合同相对方认为违约金过高，其仍享有依法请求法院对违约金进行调整和抗辩的权利。根据《合同法》对格式条款的解释原理，这类违约金及利息的约定基本属于债权人提供的格式条款，但法院应当如何处理这些格式条款却尚无定论。

三、公证债权文书强制执行制度的价值取向和路径选择

（一）公正和效率是公证债权文书强制执行制度永恒的价值追求

人们基于效率和经济的考量设立公证债权文书制度，目的是促进经济流转、减少交易成本、保障交易安全、维护社会和谐稳定、节约司法资源、缓解诉讼机关的压力。效率自然是公证债权文书强制执行相关法规的首要价值，这是由强制执行法的主旨决定的。〔1〕公正与效率的价值追求互为条件，因此，公证债权文书强制执行制度在强调效率的同时，还必须注重公正的实现。

对于一个社会而言，重要的不是如何消灭或压制纠纷，而是如何建立一套有效的机制去化解纠纷。〔2〕纠纷发生后，在审判制度与公证制度的衔接设计上，在突出公证制度的价值和意义的基础上，我们仍需要考虑公正价值，以效率作为基本价值取向的公证债权文书执行制度仍然不能偏离公正价值。如果公证制度设计初衷是对一切无表面瑕疵的公证文书一律予以执行，那么人们极有可能得不到潜在的社会公平与正义，导致社会福

---

〔1〕 李浩主编：《强制执行法》（修订版），厦门大学出版社 2005 年版，第 4 页。

〔2〕 何兵：《现代社会的纠纷解决》，法律出版社 2003 年版，第 5 页。

利存在净损失。[1]我国在追求对债权快速保护的同时应以司法权对其进行制约，避免为实现经济效益而妨害实体公正，实现公正价值与效益价值的平衡。[2]

（二）构建以公正为目标的公证债权文书执行审查制度

笔者认为，在讨论人民法院对公证债权文书的审查应采取何种形式之前，应当对公证债权文书的制度设计和运行情况进行整体考量。纠纷发生后，公证机关作为公证债权文书的签发者，对公证债权文书是否符合赋予强制执行力的条件，负有审查职责。然而，在现实中，由于公证机关审核手段的局限、审查程度的有限性、监督环节的缺失，公证债权文书的客观公正性不强，审核质量不高。2007 年至 2011 年，在 C 市法院出现的有关担保合同和民间借贷合同中，违约金约定畸高，从公证阶段采取回避方式不明确相关利息及违约金的现状来看，不免让人对公证债权文书的真实性和合法性产生合理怀疑。在 C 市法院审理的“廖某申请执行王某公证债权文书案”中，如果法院仍对公证债权文书仅进行形式审查，势必会与制度设计的初衷越走越远。

公证只是一种证明活动，公证债权文书仅仅是法律赋予这种特殊的公证文书具有强制执行效力，它并无既判力。[3]公证缺少像司法或仲裁那样完备、成熟的程序和制度，公证机关作为一个证明法律行为的单位，其很难胜任对复杂实体问题的审查。在公证债权文书作出后，也没有相应的程序对其合法性进

---

〔1〕 朱伯玉、徐德臣：“论公证债权文书的功能扩张与可诉性——以新制度主义变迁理论为契合点”，载《东疆学刊》2011 年第 4 期。

〔2〕 王宏斌：“论具有强制执行效力的公证债权文书的执行审查”，载《新西部（理论版）》2011 年第 10 期。

〔3〕 吴存根、吴剑平：“破解公证债权文书在强制执行中的困惑”，载《中国公证》2010 年第 3 期。

行监督。法律赋予法院对公证债权文书的审查权来核实公证债权文书是否“确有错误”，法院只有在进行过实体上的审查之后才能作出判断。结合实践情况，以下几种情形应被认定为公证债权文书确有错误：债权文书没有给付内容；债权文书给付期限不明确；债权债务关系不明确，双方当事人对债权文书约定的给付内容等存在争议；债权文书没有明确载明债务人愿意接受强制执行承诺；利害关系人有充分证据证明债权文书是债务人与债权人为规避法律义务、损害他人利益，恶意串通进行公证；提交的证据足以推翻债权文书；公证程序严重违法，如公证员为本人或其近亲属办理公证，公证人员办理公证时有受贿、舞弊行为；人民法院认为执行该公证债权文书损害国家、集体或社会公共利益。同时，“确有错误”的范围应当包括程序性错误和实体性错误两个方面。通常情况下，法院应当被动审查，即当债务人对公证债权文书提出异议后法院才启动审查程序。法院依职权对公证债权文书进行审查时，笔者认为，可以参照《合同法》中关于认定无效合同的规定，即当公证债权文书符合损害国家、集体或者第三人利益，以合法形式掩盖非法目的，损害社会公共利益；违反法律、行政法规的强制性规定等情形时，法院才可以主动对公证债权文书进行审查。

笔者认为，应建立起对公证债权文书形式审查与实质审查相结合，被动审查为主、主动审查为辅的审查制度，让法院敢于对缺乏真实性和合法性的公证债权文书说“不”，让“裁定不予执行”真正发挥作用。这是法律制度公正价值的基本要求，是对利益的平衡和保护。实质性审查，即指审查公证债权文书的制发及其内容是否符合法律规定的条件和范围。其审查的内容包括公证债权文书制发程序是否合法、公证债权文书的内容是否合法、公证债权文书的给付内容、给付期限是否确定、公证债权文书是否以明示的方式载明债务人不履行义务受强制执行的意思表示。形式上的审查，即指审查当事人根据公证债权文书向法院申请执行的程序。其审查的内容包括债权人是否已向原公证机关申请执行证书、是否超过申请执行期限、受案法院是否有管辖权。

（三）以公正为出发点重新认识债务人的抗辩权

债务人在债权债务关系确定前明确表示在不能按约履行义务时，纠纷发生后愿意接受强制执行，并不等同于债务人放弃和丧失了抗辩权利。尤其是公证债权文书并不像判决书、仲裁裁决书等其他生效法律文书一样出自公权力机关。其制度设计上的先天不足使其在程序和实体上较容易出现瑕疵。因此，需要对债务人的抗辩权进行重新定位，在执行过程中赋予债务人提出抗辩理由的机会是公正价值的需要和体现。法院在实践中要给予债务人一定的“发言权”，如债务人可以对债权人提供的格式条款的效力和过高的违约金提出异议，以实现公证债权文书执行程序的公正性。当然，债务人的这种抗辩权利也要受到债务人事先自愿接受公证债权文书强制执行的限制，不能等同于诉讼关系中合同当事人的抗辩权利。

（四）在公正理念指引下强化公证机关的责任和义务

法院对公证债权文书的审查仅是一种事后审查，要使公证债权文书强制执行制度切实发挥起立法之初的作用，还要立足于公证机关自身。强化责任意识、防范风险意识，克服制度的不足，弥补制度的软肋。把“以事实为依据，以法律为准绳”作为提供公证服务的底线，持审慎、细致、负责、公正的态度去核实债权文书，规范公证程序，增强公证业务能力，把好公证债权文书的第一道质量关，从而减少债权人在执行程序中的异议率，减少法院对公证债权文书的事后审查量，从根本上杜绝背离公平价值的公证债权文书进入强制执行程序，维护公证债权文书的稳定性和公证债权文书强制执行制度的生命力，最终实现效率和公正价值的统一。

总之，在当前进入法院强制执行程序的公证债权文书执行案件日益增多的情况下，应规范公证程序和公证行为，让公证机关切实担负起对法律行为真实性、客观性的核实责任，维护公证债权文书的稳定性。同时，通过统一执法尺度，严格法院审查责任，实现公证债权文书强制执行制度的设计初衷，在公正和效率兼顾的理念下发挥公证债权文书强制执行制度应有的作用。

/ 参考文献 /

[1] 江伟主编:《民事诉讼法学原理》，中国人民大学出版社 1999 年版。

[2] 江伟、肖建国主编:《民事诉讼法》（第 8 版），中国人民大学出版社 2018 年版。

[3] 柴发邦主编:《民事诉讼法学新编》，法律出版社 1992 年版。

[4] 常怡主编:《比较民事诉讼法》，中国政法大学出版社 2002 年版。

[5] 常怡主编:《民事诉讼法学》，中国政法大学出版社 1999 年版。

[6] 谭兵主编:《民事诉讼法学》，法律出版社 2004 年版。

[7] 曹建明主编:《中国审判方式改革理论问题研究》，中国政法大学出版社 2001 年版。

[8] 陈桂明:《程序理念与程序规则》，中国法制出版社 1999 年版。

[9] 张卫平:《诉讼架构与程式——民事诉讼的法理分析》，清华大学出版社 2000 年版。

[10] 张卫平:《民事诉讼法》（第 4 版），法律出版社 2016 年版。

[11] 左卫民等:《变革时代的纠纷解决——法学与社会学的初步考察》，北京大学出版社 2007 年版。

[12] 左卫民等:《诉讼权研究》，法律出版社 2003 年版。

[13] 左卫民、周长军:《变迁与改革：法院制度现代化研究》，法律出版社 2000 年版。

[14] 顾培东:《社会冲突与诉讼机制》，四川人民出版社 1991 年版。

[15] 范愉:《非诉讼纠纷解决机制研究》，中国人民大学出版社 2000 年版。

[16] 苏力:《送法下乡——中国基层司法制度研究》（修订版），北京大学出版社 2011 年版。

[17] 苏力:《法治及其本土资源》，中国政法大学出版社 1996 年版。

[18] 喻中:《乡土中国的司法图景》，中国法制出版社 2007 年版。
[19] 李祖军:《民事诉讼目的论》，法律出版社 2000 年版。
[20] 何兵:《现代社会的纠纷解决》，法律出版社 2003 年版。
[21] 何兵主编:《和谐社会与纠纷解决机制》，北京大学出版社 2007 年版。
[22] 白绿铉编译:《日本新民事诉讼法》，中国法制出版社 2000 年版。
[23] 白绿铉:《美国民事诉讼法》，经济日报出版社 1998 年版。
[24] 白绿铉、卞建林译:《美国联邦民事诉讼规则证据规则》，中国法制出版社 2000 年版。
[25] 谢怀栻:《德意志联邦共和国民事诉讼法》，中国法制出版社 2001 年版。
[26] 王亚新:《对抗与判定——日本民事诉讼的基本结构》（第 2 版），清华大学出版社 2010 年版。
[27] 王亚新:《社会变革中的民事诉讼》，中国法制出版社 2001 年版。
[28] 段厚省:《民事诉讼标的论》，中国人民公安大学出版社 2004 年版。
[29] 徐昕:《英国民事诉讼与民事司法改革》，中国政法大学出版社 2002 年版。
[30] 徐昕主编:《纠纷解决与社会和谐》，法律出版社 2006 年版。
[31] 齐树洁主编:《民事司法改革研究》（修订版），厦门大学出版社 2004 年版。
[32] 江平主编:《民事审判方式改革与发展》，中国法制出版社 1998 年版。
[33] 赵旭东主编:《诉调对接的理论探索——以丹凤模式的考察为基础》，法律出版社 2015 年版。
[34] 江伟主编:《证据法学》，法律出版社 1999 年版。
[35] 何家弘主编:《证据法学新编》，法律出版社 2000 年版。
[36] 卞建林主编:《证据法学》，中国政法大学出版社 2000 年版。
[37] 陈一云主编:《证据学》（第 2 版），中国人民大学出版社 2000 年版。
[38] 刘金友主编:《证据法学（新编）》，中国政法大学出版社 2003 年版。

[39] 樊崇义主编:《证据学》(第 2 版),中国人民公安大学出版社 2003 年版。
[40] 张卫平主编:《民事证据制度研究》,清华大学出版社 2004 年版。
[41] 毕玉谦:《民事证据法及其程序功能》,法律出版社 1997 年版。
[42] 李浩主编:《强制执行法》(修订版),厦门大学出版社 2005 年版。
[43] 熊先觉:《司法制度与司法改革》,中国法制出版社 2003 年版。
[44] 汤维建等:《群体性纠纷诉讼解决机制论》,北京大学出版社 2008 年版。
[45] 肖建华:《民事诉讼当事人研究》,中国政法大学出版社 2002 年版。
[46] 江必新主编:《新民事诉讼法专题讲座》,法律出版社 2012 年版。
[47] 段厚省:《请求权竞合与诉讼标的研究》,吉林人民出版社 2004 年版。
[48] 高其才、周伟平、姜振业:《乡土司法——社会变迁中的杨村人民法庭实证分析》,法律出版社 2009 年版。
[49] 彭漪涟:《事实论》,上海社会科学院出版社 1996 年版。
[50] 彭漪涟主编:《概念论——辩证逻辑的概念理论》,学林出版社 1991 年版。
[51] 张居盛:《彝族纠纷解决:过去、现在和未来》,大众文艺出版社 2006 年版。
[52] 张邦铺:《凉山地区多元化纠纷解决机制研究——以彝族为例》,中国政法大学出版社 2013 年版。
[53] [美] 罗伯特·C. 埃里克森:《无需法律的秩序——邻人如何解决纠纷》,苏力译,中国政法大学出版社 2003 年版。
[54] [美] E. 博登海默:《法理学——法律哲学与法律方法》,邓正来译,中国政法大学出版社 1999 年版。
[55] [美] 萨利·安格尔·梅丽:《诉讼的话语——生活在美国社会底层人的法律意识》,郭星华、王晓蓓、王平译,北京大学出版社 2007 年版。
[56] [日] 棚濑孝雄:《纠纷的解决与审判制度》,王亚新译,中国政法大学出版社 2004 年版。

[57] [日] 谷口安平:《程序正义与诉讼》(增补本),王亚新、刘荣军译,中国政法大学出版社 2002 年版。

[58] [日] 兼子一、竹下守夫:《民事诉讼法》,白绿铉译,法律出版社 1995 年版。

[59] [意] 莫诺·卡佩莱蒂等:《当事人基本程序保障权与未来的民事诉讼》,徐昕译,法律出版社 2000 年版。

[60] [法] 让·文森、塞尔日·金沙尔:《法国民事诉讼法要义》(上),罗结珍译,中国法制出版社 2001 年版。

[61] [日] 中村宗雄、中村英郎:《诉讼法学方法论——中村民事诉讼理论精要》,陈刚、段文波译,中国法制出版社 2009 年版。

[62] [日] 中村英郎:《新民事诉讼法讲义》,陈刚、林剑锋、郭美松译,法律出版社 2001 年版。

[63] [日] 高桥宏志:《民事诉讼法——制度与理论的深层分析》,林剑锋译,法律出版社 2003 年版。

[64] [日] 新堂幸司:《新民事诉讼法》,林剑锋译,法律出版社 2008 年版。

[65] 顾培东:"人民法庭地位与功能的重构",载《法学研究》2014 年第 1 期。

[66] 王亚新:"我国民事诉讼法上的审限问题及修改之必要",载《人民司法》2005 年第 1 期。

[67] 蔡虹、刘加良:"论民事审限制度",载《法商研究》2004 年第 4 期。

[68] 陈桂明、李仕春:"程序安定论——以民事诉讼为对象的分析",载《政法论坛》1999 年第 5 期。

[69] 赵钢:"关于完善民事诉讼期间制度的几个问题",载《政法论坛》1998 年第 2 期。

[70] 叶自强:"民事诉讼迟延问题探讨",载《法律科学·西北政法学院学报》1995 年第 6 期。

[71] 骆东平:"审限时效制度建立初探",载《当代法学》2003 年第 8 期。

[72] 王振亮:“试论民事诉讼理念的内涵及民事诉讼机制的选择”，载《学理论》2011 年第 4 期。
[73] 陈瑞华:“通过法律实现程序正义——萨默斯程序价值理论评析”，载《北大法律评论》1998 年第 1 期。
[74] 胡赪、宋昱君:“论诉调对接的法理基础与价值诉求”，载《湖南工业大学学报（社会科学版）》2012 年第 2 期。
[75] 苏力:“关于能动司法与大调解”，载《中国法学》2010 年第 1 期。
[76] 赵远:“困境与出路：我国诉前调解制度改革论析”，载《法学杂志》2009 年第 6 期。
[77] 孙振庆、赵贵龙:“论诉讼与非诉解纷方式间和谐衔接机制的构建——从调解切入看和谐社会建设中的法院功能定位”，载《法律适用》2011 年第 5 期。
[78] 张邦铺:“‘法官+德古’‘国家法+习惯法’调解模式——彝族多元化纠纷解决机制的创新与实践”，载《中国审判》2015 年第 22 期。
[79] 陈浩:“诉讼与非诉讼衔接机制研究”，载《辽宁师范大学学报（社会科学版）》2012 年第 6 期。
[80] 潘剑锋:“民诉法修订背景下对‘诉调对接’机制的思考”，载《当代法学》2013 年第 3 期。
[81] 钟三宇、陈晓霞:“我国诉调对接纠纷解决机制的制度构建”，载《重庆理工大学学报（社会科学）》2013 年第 2 期。
[82] 任鸣:“我国人民法庭工作面临新的挑战”，载《法律适用》1999 年第 1 期。
[83] 杨平忠、欧阳顺乐:“新时期加强人民法庭建设的基本思路”，载《人民司法》2000 年第 10 期。
[84] 戴洪峰:“我国人民法庭司法运作方式存在的问题与完善”，苏州大学 2010 年硕士学位论文。
[85] 张卫平:“民事诉讼‘释明’概念的展开”，载《中外法学》2006 年第 2 期。
[86] 邵俊武:“人民法庭存废之争”，载《现代法学》2001 年第 5 期。
[87] 汤维建:“关于证据属性的若干思考和讨论——以证据的客观性为中

心"，载《政法论坛》2000 年第 6 期。
[88] 闵春雷："证据概念的反思与重构"，载《法制与社会发展》2003 年第 1 期。
[89] 裴苍龄："论实质证据观"，载《法律科学·西北政法学院学报》2006 年第 3 期。
[90] 史立梅："程序视角下的刑事证据概念"，载《社会科学研究》2004 第 3 期。
[91] 张卫平："论人民法院在民事诉讼中的职权"，载《法学论坛》2004 年第 5 期。
[92] 陈瑞华："证据的概念与法定种类"，载《法律适用》2012 年第 1 期。
[93] 江伟："更加紧密联系实际——民事诉讼法学展望"，载《中国法学》2008 年第 6 期。
[94] 陈桂明、刘田玉："民事诉讼法学的发展维度——一个时段性分析"，载《中国法学》2008 年第 1 期。
[95] 夏永全："《物权法》视角下的业主大会与业主委员会——以法的可诉性为中心"，载《北方法学》2007 年第 5 期。
[96] 吴英姿："诉讼标的理论'内卷化'批判"，载《中国法学》2011 年第 2 期
[97] 毕玉谦："诉的变更之基本架构及对现行法的改造"，载《法学研究》2006 年第 2 期。
[98] 段文波："要件事实理论下的主张责任"，载《法学评论》2006 年第 5 期。
[99] 占善刚："主张的具体化研究"，载《法学研究》2010 年第 2 期。
[100] 段厚省："请求权竞合研究"，载《法学评论》2005 年第 2 期。
[101] 毕玉谦："诉的变更之基本架构及对现行法的改造"，载《法学研究》2006 年第 2 期。
[102] 茆荣华、黄晓陶："请求权竞合下的既判力探析"，载《人民司法》2007 年第 19 期。
[103] 王国征："论诉的变更"，载《中国人民大学学报》，1999 年第

6 期。
[104] 张卫平："举证时限制度若干问题探讨"，载《人民司法》2003 年第 9 期。
[105] 蔡虹："释明权：基础透视与制度构建"，载《法学评论》2005 年第 1 期。
[106] 李浩："回归民事诉讼法——法院依职权调查取证的再改革"，载《法学家》2011 年第 3 期。
[107] 王钰："论第三人撤销之诉的原告适格问题"，吉林大学 2017 年硕士学位论文。
[108] 段伟："公证强制执行基础性理论问题研究"，载《中国司法》2007 年第 3 期。
[109] 朱伯玉、徐德臣："论公证债权文书的功能扩张与可诉性——以新制度主义变迁理论为契合点"，载《东疆学刊》2011 年第 4 期。
[110] 吴存根、吴剑平："破解公证债权文书在强制执行中的困惑"，载《中国公证》2010 年第 3 期。

/后　记/

本书是我主持的四川省哲学社会科学重点研究基地四川省犯罪防控研究中心2019年项目：诉讼理念与制度研究——以民事诉讼为视角（项目编号：FZFK19-01）、四川省高校人文社会科学重点研究基地基层司法能力研究中心2018年项目“民事诉讼理念与制度研究”（项目编号：JCSF2018-03）的成果。

民事诉讼理念与制度作为中国特色司法制度的重要内容，在新时代背景下，如何进一步发展和完善民事诉讼制度，充分发挥民事诉讼制度在解决社会矛盾纠纷、推动基层社会依法治理方面的职能，是目前人民法院司法改革面临的重要课题。民事诉讼法作为程序法，其与诉讼程序紧密相连，使生硬的诉讼法条文，在司法实践中被司法程序的进展所激活。诉讼法天生就具有强烈的实践性，其已成为司法活动开展的行为指南。要完善诉讼程序，就必须不断研究和发展司法理论，改革诉讼制度。而这一切有待于紧密结合我国的司法实践，研究和提出既满足我国现实国情需要又符合民事诉讼内在规律和发展趋势的诉讼理念与制度构建。围绕司法改革的实践，结合民事诉讼理论的创新成果，就我国民事诉讼理论和司法实践的诸方面展开研究，探索改革与完善我国民事诉讼制度的有效路径。

本书是我对于民事诉讼理念变革和民事诉讼制度创新的一些思考和心得。本书按照“两个层面、十大板块”的结构思路来展开。两个层面：从理论和实践两个层面剖析民事诉讼理念与制度。十大板块：程序正义价值理念、多元化纠纷调解机制、诉调对接机制、人民法庭职能、期间制度、证据制度、当事人制度、诉讼请求、第三人撤销之诉、公证债权文书强制执行制度十个方面展开研究。

本书由张邦铺（西华大学法学教授）总体策划、编写大纲、最后统稿。具体写作分工如下：张邦铺撰写第一章、第二章、第三章、第四章、第五章、第七章、第十一章、后记；夏永全（西华大学法学副教授）撰写第六章、第八章、第九章；刘茂吉（西华大学法律硕士研究生）撰写第十章。

本书能得以顺利完成，要感谢给予我关心、支持和帮助的单位、领导、老师和亲人朋友。

感谢我工作的单位西华大学和所在的知识产权学院法学院，没有单位领导和老师的支持，课题难以顺利进行。

感谢中国政法大学出版社及丁春晖主任为本书的出版付出的辛勤劳动。

感谢四川省犯罪防控研究中心、基层司法能力研究中心为我的研究项目予以立项和指导。

由于时间和水平有限，收集的资料不够完整，最终成果与预期的设想有一定的差距，其不足之处有待今后进一步研究。书中的不完善甚至谬误之处在所难免，敬请各界人士批评指正！我定会虚心接受，继续学习，在科研探索的道路上继续前进，也希望通过我的研究对更多学者的关注和研究起到抛砖引玉的作用。

张邦铺

2019 年 2 月于成都